国家社会科学基金项目资助（编号：14BTY014）

城市社区体育资源
非均衡管理
实施条件评价研究

张玲燕　孔庆波　著

北京体育大学出版社

策划编辑：吴　珂
责任编辑：田　露
责任校对：井亚琼
版式设计：李　鹤

图书在版编目（CIP）数据

城市社区体育资源非均衡管理实施条件评价研究 /
张玲燕, 孔庆波著. —— 北京：北京体育大学出版社，
2024.1

ISBN 978-7-5644-3409-0

Ⅰ.①城… Ⅱ.①张…②孔… Ⅲ.①城市 – 社区服
务 – 体育 – 资源配置 – 研究 – 中国 Ⅳ.①G812.4

中国国家版本馆CIP数据核字(2023)第115878号

城市社区体育资源非均衡管理实施条件评价研究
CHENGSHI SHEQU TIYU ZIYUAN FEIJUNHENG GUANLI SHISHI
TIAOJIAN PINGJIA YANJIU

张玲燕　孔庆波　著

出版发行：北京体育大学出版社
地　　址：北京市海淀区农大南路1号院2号楼2层办公B-212
邮　　编：100084
网　　址：http://cbs.bsu.edu.cn
发 行 部：010-62989320
邮 购 部：北京体育大学出版社读者服务部 010-62989432
印　　刷：北京建宏印刷有限公司
开　　本：710mm×1000mm　　　1/16
成品尺寸：170mm×240mm
印　　张：9.75
字　　数：152千字
版　　次：2024年1月第1版
印　　次：2024年1月第1次印刷
定　　价：60.00元

前言

当前，我国城市社区体育资源呈现出普遍性的失衡现象，体现在沿海与内陆、市区与市郊区域的社区的对比和不同居民群体体育需求满足情况的对比之中。由于城市社区居住差异的背景客观存在，城市社区在经济实力、地理位置、交通条件等诸多方面表现出差异性，相应社区之间体育资源的配置水平自然体现出层次性特征。不同层次社区之间体育资源的分布呈现出某些规律的同时又体现出复杂性特征，而实现不同层次社区体育资源的均衡化发展则必须以非均衡管理为手段。非均衡管理模式是指因社区体育发展水平的层次差异而采取不同的管理方式或手段，以促进各类社区体育高效发展、实现社区体育整体均衡化发展为目标的一种管理模式。

本书构建的社区体育资源非均衡管理实施条件评价体系分为社区体育资源自治型管理实施条件评价体系和社区体育资源共生型管理实施条件评价体系两种。这两种评价体系均以社区体育资源配置情况为依据。社区体育资源是指一切促进社区居民体育需求、促进社区公共体育发展的各种资源要素的总和。社区体育资源主要包括社区体育财力资源、社区体育硬件资源、社区体育人力资源、社区体育文化资源及社区体育软件信息资源五大基本要素。根据各要素的具备情况进行条件评价的目的是依据社区体育资源的配置水平为相应社区体育资源管理模式的选择提供依据，以促进社区体育资源管理效率的提升，最终实现整体均衡化发展的目标。

社区体育资源通过自治型管理实施条件评价体系的评定后，即可判断其是否适合实施自治型管理模式。若不适合，再对社区体育资源进行共生型管理实施条件的评定。若所评定社区的体育资源配置与上述两种模式均不适合，则其可采用政府扶持型管理模式。

本书共分为五章。第一章"城市社区体育资源概述"，对城市社区体育资源的内涵、要素、特征和来源进行了总体阐述。第二章"社区体育资源非均衡管理实施条件评价体系构建"，对城市社区体育资源非均衡管理实施条件评价体系构建的指导思想、理论基础和构建原则及构建方法等进行了说明。第三章"社区体育资源自治型管理实施条件评价"，对城市社区体育资源自治型管理实施条件评价指标的确立、释义、权重和标准等内容进行了分析与研究。第四章"社区体育资源共生型管理实施条件评价"，对城市社区体育资源共生型管理实施条件评价指标的确立、释义、权重和标准等内容进行了分析与研究。第五章为"研究结论"部分。

在研究过程中，我的学生熊禄全、谭青山、陈洋等做了大量的材料整理工作，为本书的完成做出了一定贡献，同时本书借鉴了国内外学者的有关著述以及访谈专家的观点，在此深表谢意！"路漫漫其修远兮，吾将上下而求索。"尽管本人在编写过程中做了不懈努力，但由于城市社区体育资源研究涉及的学科知识广泛，评价指标复杂繁多，加之本人能力有限，本书难免存在不足之处，恳请广大读者批评指正。

孔庆波

2020 年 7 月

目录

第一章　城市社区体育资源概述

若要准确把握我国目前社区体育资源的配置状况，我们必须对我国社区体育资源有一个清楚的了解和认识。那么，首先应该清楚什么是社区体育资源，特别是社区体育资源涵盖的范畴，这是研究社区体育资源非均衡管理最基本的问题，也是到目前为止在社区体育资源管理研究领域中还没有形成一致性见解的重要问题。基于此，本章主要通过文献资料和逻辑分析等研究方法对我国城市社区体育资源的内涵、要素构成、基本特征及来源等基本理论问题展开分析，旨在为课题的后续研究奠定理论依据。

第一节　社区体育资源的内涵、要素构成与基本特征

在对社区体育资源概念进行界定前，应该先从"大概念"的角度出发，准确地把握概念和基本界定。概念是反映对象本质属性的思维形式，反映客观事物一般的、本质的特征，是人类在从感性认识上升到理性认识的过程中，把所感知的事物的共同本质特点抽象出来，加以概括而形成的认知综合。界定的原意指划定界限或确定所属范围。在用于概念界定时，凸显其逻辑学术语含义，即下定义。在《现代汉语词典》（第 7 版）中，"定义"指对于一种事物的本质特征或一个概念的内涵和外延的确切而简要的说明。结合前期相关研究成果，笔者认为界定

某一事物的概念必须把握好四个方面：一要反映出事物的本质属性和特点；二要与相似事物区别开来；三要具有高度的概括性和逻辑性；四要让读者对该事物形成清晰的认识和理解。"社区体育资源"从属于"资源""体育资源"等概念，在界定"社区体育资源"之前必须对"资源""体育资源"等概念有清晰的认知。因此，本研究首先对"资源""体育资源"等概念进行界定，然后在此基础上对"社区体育资源"进行全面的阐述。

一、社区体育资源的内涵

（一）资源

资源是指一个国家或者地区内拥有的人力、物力、财力等各种物质要素的总称。资源可分为自然资源和社会资源两大类。其中，自然资源包括土地、矿藏、气候、水利、生物、森林、海洋、太阳能等；社会资源包括信息资源、人力资源及经过劳动创造的各种物质财富。马克思在《资本论》中讲道："劳动和土地，是财富两个原始的形成要素。"恩格斯指出："其实，劳动和自然界在一起它才是一切财富的源泉，自然界为劳动提供材料，劳动把材料转变为财富。"[1] 马克思、恩格斯对于资源的定义既包含了客观存在的自然资源，又囊括了包含劳动力、技术等财富的社会资源。由此可见，资源的组成不仅有自然的，还有社会的，特别是伴随人类社会发展而发生的经济、知识、信息、技术等因素，这让资源的范畴变得更加广泛。

长期以来，学者对于资源概念的内涵与外延的界定不一，特别是处于不同研究范畴下，对其概念的界定也应有所区别。从社会发展的角度来说，对于资源的认知和理解应该是动态化的，即在不同的时期它可以被赋予不同的内容，资源的内涵与外延也会随其发展而发生变化。《现代汉语词典》（第7版）对"资源"的解释为生产资料或生活资料的天然来源，包括自然资源和社会资源，如地下资源、水力资源、旅游资源和人力资源等。《经济学解说》中将"资源"定义为生产过程中所使用的投入，这一定义很好地反映了"资源"一词的经济学属性，经

---

[1] 中共中央马克思恩格斯列宁斯大林著作编译局. 马克思恩格斯选集：第四卷[M]. 2版. 北京：人民出版社，1995：373.

济学中的资源从本质上讲就是生产要素的代名词，可划分为自然资源、人力资源和加工资源三种。《中国资源科学百科全书·资源科学》中将资源进一步分为自然资源和社会资源两类，自然资源指人类可以利用的自然物质或由此而生成的能量；社会资源指人类通过劳动，在开发利用自然资源的过程中所获得的可以被利用与消耗的财富。根据百度百科的解释，资源同样可分为自然资源和社会资源。狭义的自然资源只包括实物性资源，即在一定社会经济技术条件下能够产生生态价值或经济价值，从而提高人类当前或可预见未来生存质量的天然物质和自然能量的总和；广义的自然资源指实物性自然资源和舒适性自然资源的总和。社会资源又分为有形资源和无形资源两类。其中，有形资源包括人力（如职员、顾问等），物力（如设备、家具和用品等），财力（如私人捐献、政府补助和企业赞助等），场地空间等；无形资源指技术、知识、组织、社会关系等。随着社会的发展及人类对自然界认识的进步，资源的含义也会发生变化，特别是一些新生能源，它们会使资源概念的范畴不断扩大。但无论资源的概念怎样发生变化，其一些基本的、本质的特性是不会发生变化的。

根据上述对资源概念的种种界定，可以发现，资源具有下列特征：

（1）资源大体上分为自然资源和社会资源两大类；

（2）资源广泛地存在于自然界和人类社会中，是一种自然存在的事物或能够给人类带来财富的事物；

（3）资源通过人类的劳动是可以转化成财富的；

（4）资源是一切可以被人类开发和利用的物质、能量和信息的总称。

（二）体育资源

从资源学的角度来说，体育资源是一个较为宽泛的概念。按照对资源特征的理解，体育资源包含自然体育资源和社会体育资源两个部分，通过人类劳动的作用可以将资源转化为财富。按资源的基本属性，体育资源可分为体育自然资源和体育社会资源；按资源的存在形式，体育资源可分为有形体育资源和无形体育资源；按资源的内容，体育资源可分为体育人力资源、体育物力资源、体育财力资源、体育组织资源和体育信息资源等；按资源的使用人群，体育资源可分为竞技体育资源、群众体育资源、学生体育资源、农民体育资源和军队体育资源等；按资源的可利用状况，体育资源可分为现实体育资源和潜在体育资源；按资源的发生区域，体育资源可分为学校体育资源、社区体育资源、农村体育资源和军区体育资源等。分类标准不同，其包含的内容也就有所差异。体育资源包含内容的差异使诸多学者对体育资源的概念界定不一。

刘可夫、张慧指出，体育资源是人们从事体育生产或体育活动所利用或可利用的各类条件及要素。从资源的基本属性上考查，体育资源包括体育自然资源和体育社会资源。体育自然资源是指自然界存在的，可作为体育产品生产的物质要素及必需的环境条件。体育社会资源包括社会、经济、技术因素中可用于体育服务产品生产的各类要素，主要有体育科学理论、训练技术、体能、道德法规、风俗、经济条件等[1]。该观点强调了体育资源的可利用性与可开发性，并立足资源的基本属性对体育资源进行了体育自然资源和体育社会资源的分类。

任海等认为，体育资源是指一个社会用于体育活动，以扩大参与体育活动人口和提高竞技运动水平，在物资、资本、人力、时间和信息等方面的投入。体育资源是发展体育的物质基础。一般而言，体育资源越充沛，体育活动就越容易开展，其发展水平就越高。体育资源是一个伸缩性极大的资源领域，社会通常对自己拥有的体育资源估计不足，在体育资源的利用中普遍存在浪费现象，体育资源的改善具有较大的空间[2]。任海等突出了体育资源的投入性特征，并对体育资源的作用进行了分析，在此基础上强调了体育资源的可伸缩性特点，以避免因估计不足而造成浪费的现象。

秦贺余、朱俊全指出，从经济学的角度来看，资源应该是广义的。它包括投入生产过程的各种要素。具体来说，经济学意义的资源应该具备以下基本条件：一方面，必须对人类有用，即具有使用价值；另一方面，必须是现实的或潜在的生产要素，即或早或晚都能进入生产过程，不能作为生产要素进入生产过程的东

[1] 刘可夫，张慧.论体育资源的合理开发和配置 [J].福建体育科技，1999，18(5)：9-13.
[2] 任海，王凯珍，肖淑红，等.论体育资源配置模式——社会经济条件变革下的中国体育改革 (一)[J].天津体育学院学报，2001，16(2)：1-5.

西，不能算是经济资源。根据以上分析，体育资源被定义为投入体育生产过程中的各种要素或者说是为体育生产所利用或可利用的各类条件及要素[1]。该观点对体育资源的界定依据是经济学领域的资源的含义，既强调了体育资源对人类的价值性，又强调了体育资源的生产性。

吴广宏、孔德银在《体育资源及基本理论问题的分析与研究》一文中阐述了资源的基本概念、分类及特点，探讨了体育资源的开发原则、内容及方法，依据资源的基本属性把体育资源划分为体育自然资源和体育社会资源。他们认为，体育资源就是围绕体育活动展开的、一切可以用于体育活动开展的物质和非物质要素的集合[2]。该观点强调了体育资源所发生的领域，即围绕体育活动而展开，体育资源是开展体育活动的基础。

隋路认为，体育资源是一个涵盖范围很广的概念，一般来说包括人力、物力、财力等有形资源（如体育管理人员、社会体育指导员、体育志愿者、体育场地设施、体育器材、体育经费等），还包括各种体育信息、科研、管理制度、政策法规等无形资源，是针对体育活动主体而言的一切体育行为的条件集合或要素结构[3]。隋路对于体育资源概念的界定与秦贺余、吴广宏等的观点基本一致，但其研究对体育资源的内涵进行了细化，并对体育有形资源与体育无形资源分别从人力、物力、资金和信息等方面进行了阐释。

从上述种种观点来看，我国学者对体育资源的概念的界定多种多样，尽管尚未形成具有共识性的定义，但其中包含的实质内容却是基本一致的，如体育资源具有自然与社会之分、有形与无形之分等。首先，从用途的角度来看，体育资源是用于体育活动的开展、依附体育活动而存在的资源；其次，从内容的角度来看，体育资源可以是有形的，也可以是无形的，并包含多种要素；再次，从利用的角度来看，体育资源为体育活动而存在，如果不能被体育活动所利用，或者不具备潜在的可利用性，就不能称之为体育资源；最后，从服务对象的角度来看，体育活动是体育资源所服务的对象，这一对象包括竞技体育、全民健身、体育产

---

[1]　秦贺余，朱俊全.对体育资源一些基本问题的探讨 [J].首都体育学院学报，2004，16(1)：17-20.
[2]　吴广宏，孔德银.体育资源及基本理论问题的分析与研究 [J].体育研究与教育，2011，26(4)：9-12.
[3]　隋路.中国体育资源配置效率研究 [M].北京：社会科学文献出版社，2011：19-20.

业、体育文化等。因此，课题组借鉴前人学者对体育资源定义的相关成果，对体育资源的概念进行如下界定：体育资源是在竞技运动、全民健身、体育产业、体育文化等活动的过程中，能够发生作用并能够被积极利用的各种有形与无形要素的总和。

（三）社区体育资源

社区体育活动的开展需要依托各个方面的资源，若缺乏资源则社区体育活动将无从开展。社区体育资源可以是人力的，也可以是物力、财力的；可以是自然的，也可以是社会的；可以是有形的，也可以是无形的。由于学者们均自选视角对社区体育资源的概念加以理解，所以目前学界对社区体育资源的概念的界定有不同的观点。课题组查阅文献资料发现，学者们对社区体育资源的概念的界定，有的直接给出，有的以各种不同类型的社区为例来加以详细说明。所以，目前关于社区体育资源的定义并未达成一致，学者们分别从不同的角度对社区体育资源的概念进行了研究。

袁广锋在《我国城市社区体育资源的现状与开发对策研究》一文中指出，资源是指人类生存、发展和享受所需要的一切物质和非物质的要素，既包括一切为人类所需要的自然物，如阳光、水、空气等，也包括以人类劳动产品形式出现的一切有用物，如各种建筑物、设施、商品、仪器设备等，还包括了各种无形资源，如知识、信息、技术、人类本身的体力和智力等[1]。从这个意义上来说，社区体育资源是指在社区范围内存在的能够满足居民进行体育活动所需要的一切物质和非物质要素的总和。

楼兰萍、虞力宏在《社区体育发展水平评价指标的研究》一文中指出，社区体育资源是指用于社区体育活动，以扩大社区体育参与人口、提高居民体育文化素养和健康水平，在物资、资本、人力、时间和信息等方面所需要的投入[2]。

王凯珍、李相如在《社区体育指导》一书中指出，社区体育资源是社区中

---

[1] 袁广锋.我国城市社区体育资源的现状与开发对策研究 [J].首都体育学院学报，2003，15(4)：25-27.
[2] 楼兰萍，虞力宏.社区体育发展水平评价指标的研究 [J].北京体育大学学报，2004，27(5)：595-596.

存在的对于社区体育人群或组织来说可以利用的财富的总和 [1]。张文娟、汪焱在《社区体育资源的开发及其价值》一文中指出，社区体育资源是指社区内一切可供体育活动组织、开发和使用的物质和精神产品的总和 [2]。

还有一部分专家和学者认为，社区体育资源主要是一些能够影响一个地区或一个国家体育发展状况和方向的，并能够从中产生一系列经济和社会效应的现象和活动的资源，是供人们在体育活动中使用和利用的一些条件和设施。

以上学者分别从不同的角度对社区体育资源进行了研究与界定。当然，随着社会的进步和体育事业的不断发展，加之人类智慧带来的不断创新，可供开发和利用的社区体育资源也会不断增多，社区体育资源的范围会更加广泛，其概念也会在深度和广度上不断扩展。综合以上学者的看法和见解，可以基本总结出社区体育资源的概念，即指那些在社区居民进行体育活动时能够满足他们对场地、器材和设施的一切物质和非物质的需求的多种要素。说得具体一点，社区体育资源中的物质资源包括进行体育活动所需要的体育设施、体育场地以及与体育相关的各种实物要素，而非物质资源则包括一些服务、管理方式以及为居民提供的有利健康的健身方法、运动技术等。此外，课题组认为，可以从广义和狭义两方面理解社区体育资源，即广义的社区体育资源包括一些体育活动场所、场馆建筑、图书资料、信息技术以及人力资源等一切与体育活动密切相关的内容；而狭义的社区体育资源仅指社区内的各种公共体育场馆、体育基础设施以及用来举办社区公共体育活动的经费等。由此可见，在社区体育资源积累和发展的过程中有很多作用因素，这些作用因素可以是精神上的，也可以是物质上的；可以是有形的，也可以是无形的；可以是社区内部的，也可以是社区外部的。也就是说，只要是能够供社区居民使用并能够满足他们的体育需求，能够增强居民身体素质的或者提高居民体育价值观的体育资源要素都可以归入社区体育资源的内容范畴。同样，只要是能够促进社区公共体育事业积极发展的一切因素都可以作为社区体育资源来使用，具体包括社区体育财力资源、社区体育硬件资源、社区体育人力资源、

[1] 王凯珍，李相如.社区体育指导 [M].桂林：广西师范大学出版社，2005：156-159.
[2] 张文娟，汪焱.社区体育资源的开发及其价值 [J].福建体育科技，2006，25(1)：3-5.

社区体育文化资源、社区体育软件信息资源等各类资源要素。

二、社区体育资源的构成要素

明晰社区体育资源的内容范畴是本课题开展后续研究的立论依据，更是社区体育发展过程中所依赖的纲要指导。课题组结合前述社区体育资源的内涵和实际社区体育资源的配置要素情况，认为社区体育资源主要由社区体育财力资源、社区体育硬件资源、社区体育人力资源、社区体育文化资源及社区体育软件信息资源五大要素构成，见图1-1。

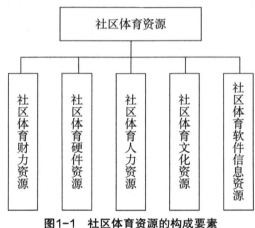

图1-1　社区体育资源的构成要素

（一）社区体育财力资源

社区体育财力资源主要指在社区范围内开展的一切与体育相关的活动所需要的经费，即社区体育经费。社区体育经费作为经济层面上的社区体育资源自然是社区体育的组织和开展必不可少的资源，其实质为促进社区体育发展而具备的各方面的资金资源的总和，是社区体育活动正常开展的重要保障。一般而言，体育经费是限制体育发展的主要瓶颈，缺少必要的体育经费就很难开展体育活动。对于社区体育而言，社区体育经费显得尤为重要。经济条件较好的社区，其体育活动的组织、开展、管理等情况一般也较好。

在我国社会主义市场经济背景下，体育事业的发展基本由政府全权主持。因此，社区体育经费长期以来主要依靠各级政府、单位的援助和支持，社区体育发展也有赖于政府部门的大力支持。除了少数经济实力较强、体育事业发展较好的社区自身具备解决其体育经费问题的"造血功能"外，大部分社区需要依靠政府和社会力量的支持才能获得相应的体育经费。近年来，我国体育彩票发展迅速，对体育尤其是社区体育提供了很大的帮助，其收益的 60% 都被用于群众体育事业的发展，这对社区体育场地设施的改善发挥了很大的作用。当然，社区体育经费不能单单依靠政府的帮助与扶持，社区居民的体育消费也应该是社区体育经费的重要组成部分。但是我国社区居民的体育消费的整体水平并不高，还不能为社区体育发展提供足够的经费支持。

课题组通过查阅资料和实地考察等研究方法对我国社区体育经费的情况进行调查。结果显示，当前我国社区体育经费的来源仍然单一，依然主要依靠国家和各级政府部门拨款。面对这种情况，课题组建议结合我国国情适当提高居民的体育消费水平和质量，积极拓宽社区体育经费的来源。从体育产业的角度来看，促进群众体育产业的发展对于丰富社区体育经费有很大的帮助。王毅在《论社区体育资源的开发与优化配置》一文中指出：要充分发挥社区里的无形体育资源的作用来吸引投资，如以场馆冠名、广告牌、比赛冠名、社区体育队伍冠名等形式吸引赞助。鼓励社会团体、企事业单位和个人捐助修建体育设施；鼓励辖区单位举办或承担社区体育赛事活动；有条件的社区，可设立由团体和个人投资的社区体育发展基金[1]。"发展社区体育，经费先行。"社区体育经费是社区体育发展的前提条件和基础，通过多种途径增加社区体育经费是发展和壮大社区体育的必然要求。

（二）社区体育硬件资源

社区体育硬件资源是指社区中居民用于体育活动的各类体育场地、场馆和健身器材等硬件设施的总和，是社区实现体育事业发展的目的和任务的必备物质基础，属于社区体育资源构成要素的主体。社区体育硬件资源能够为居民提供进行体育活动的物质条件。因此，社区体育场地设施资源的种类、质量和数量都在不

---

[1] 王毅.论社区体育资源的开发与优化配置 [J]. 渭南师范学院学报，2005：20(5)：65-66.

同程度上影响了社区居民体育活动的开展和各类体育赛事的举办，也作用于社区体育资源自身的开发与利用，是其他社区体育资源发展的前提。总体来看，课题组将社区体育硬件资源分为自然性体育硬件资源和后天性体育硬件资源两大类。

自然性体育硬件资源一般是指大自然中天然存在的体育资源，是一种具有一定形态的体育资源，呈现固定的物质形态。李龙正指出，根据属性划分，自然性体育硬件资源可分为体育自然景观资源和体育地理地质资源，前者包括山川、河流、森林等资源，后者包括地貌、气象、气候、水文等资源[1]。拥有自然性体育硬件资源的社区一般空气清新、污染较少、环境优美，非常有助于居民开展体育活动。在自然环境中进行体育活动，社区居民可以放松身心，从紧张的社会生活中解脱出来。居民在体育活动过程中通过合作来处理复杂多变的人际关系，培养沟通交流的能力。自然性体育硬件资源在给居民带来众多益处的同时，也面临着各种自然环境因素对体育活动开展的影响问题，在一些特殊的自然环境中开展体育活动对居民的各项身体机能有很高的要求。社区体育的开展与组织要在特定的空间下进行，受一定地域的气温、天气、湿度等因素的限制，如果刻意地改变自然因素不但不能带动社区体育发展，反而会适得其反。所以，社区在开发体育资源时要立足于当地的地理位置和自然环境，合理地利用不同的地貌以及该地区的季节特点和气候变化规律，科学地开发社区体育资源。例如，在哈尔滨，可以根据当地冬季较长的特点多开发一些冰雪运动，夏季在平坦多草的山地开展高尔夫运动等。社区要充分利用当地的地势、地貌以及季节特点来规划和发展社区体育资源。而目前我国在发展社区体育资源时还没有足够重视对自然资源的开发，尤其是对户外运动场地的开发尚不充分。因此，在发展社区体育资源的时候一定要充分利用当地的一些自然资源来对社区体育资源进行丰富和开发。

后天性体育硬件资源是指由于人类文明的发展而创造出的各类体育硬件资源要素的总称。从要素构成来看，这类社区体育硬件资源可以划分为体育场地、体育场馆、体育设施三大要素，各类室内外体育场馆和场地、体育健身器材和设

[1] 李龙正.陕西南部地区自然地理资源特征与体育课程资源的开发利用[J].山西师大体育学院学报，2006，21(3)：80-82.

施、体育公园及各类活动空地等都属于这类社区体育硬件资源的范畴。从服务性质来看，后天性体育硬件资源可以分为公共性体育硬件资源、准公共性体育硬件资源、经营性体育硬件资源和私人性体育硬件资源四类。社区的公共性体育硬件资源有社区的公共体育活动中心、公共体育场地场馆设施、公共体育公园等，社区的准公共性体育硬件资源包括社区辖区内各类公立性质的企事业单位内部所具有的各类体育场地设施，社区的经营性体育硬件资源包括社区辖区内所具有的各种商业性质的体育活动场所、体育俱乐部等所能提供的体育硬件资源，私人性体育硬件资源则主要指个体为满足自身或家庭体育需求独立出资购买的各类体育硬件设施等。从现实情况来看，上述各类后天性体育硬件资源在促进社区体育发展的过程中呈现出功能互补的状态。从归属关系来看，后天性体育硬件资源主要包括行政系统、企事业单位及各类体育组织的体育硬件资源。其中，社区内各居民小区和学校的体育硬件资源是其构成主体，承担着推动社区体育发展的主体职责。随着人类文明的不断发展，人类创造出的社区体育硬件资源多种多样，从不同的角度可以得出不同的划分标准，且其种类会随着人类文明的不断发展而更加丰富。

综上所述，社区居民是社区体育活动的主要参与者，完善的社区体育硬件资源是居民进行体育活动必不可少的物质条件。从某种程度上来说，社区体育硬件资源的完善程度是衡量社区文明程度的重要标尺，也能反映出一个城市或地区的社区体育的发展状况。当前，我国社区居民的体育健身活动常常集中于公众化的体育场所，主要包括公园广场、小区空地、街道等一些非专业的体育场所。很少有居民能够使用专业的体育场所，即使在经济较发达的沿海地区，也有很大一部分社区没有专业的、规范的体育活动场所，即使一小部分社区设有小型的体育活动场所，也只有乒乓球桌、篮球场等小型场地，而且场地比较简陋，质量较差。由于受地方的经济、文化和居民思想认知等诸多因素的影响，社区体育硬件资源不仅存在普遍的供给乏力问题，而且其存量资源也存在利用率低、规划布局不合理、供给结构同质化等问题，这导致众多社区居民的体育需求不足，给我国社区体育发展造成了很大阻碍。社区体育硬件资源作为社区开展体育活动必备的物质条件，还需要不断加强建设，通过社区体育场地的扩建与优化，满足社区居民的健身需求，促进社区体育发展。因此，社区体育硬件资源的科学配置属于复杂的系统工程。

（三）社区体育人力资源

人力资源是与自然资源、物质资源相对应的，以人的生产劳动为核心的社会资源，是一个国家或地区劳动力水平和素质的重要表现。人力资源对于社区体育的发展而言是一种必不可少的资源。任海等的研究指出，体育人力资源主要是指从事体育工作的行为者，如运动员、科技人员、体育教师、管理人员、教练员及开展体育活动的辅助人员等[1]。社区体育人力资源作为一种具有生命的资源，对社区体育发展具有非常重要的价值。社区体育人力资源在社区体育资源中占有很重要的地位，它主要包括社会体育指导员和社区体育管理人员两大类。社区体育发展离不开社区体育人力资源的积极参与，优质的社区体育人力资源对社区体育发展极为重要，因而重视社区体育人力资源的利用与开发对社区体育发展极为关键。

社区体育在发展的过程中需要更多高层次和高素质的社会体育指导员。而目前我国社区，一方面缺少社会体育指导员，另一方面即使有社会体育指导员，也存在专业能力不强、人员数量不足等情况。因此，人力资源成了社区体育发展的重要问题。在我国，仅少数社区配备有专职社会体育指导员，同时社会体育指导员的种类也不齐全、分工略显混乱、组织纪律性不强、工作时间不足，因此他们在工作时难免会存在质量上的问题。除了社会体育指导员外，社区体育管理人员对社区体育发展起引领作用，他们具体负责的工作包括各类体育场地设施的规划建设与维护、体育文化活动的组织与开展、体育资金的征集与使用、体育知识的传播等。目前，我国多数社区缺乏专业的体育管理人员，同时存在管理不力、职责混乱、分工不明等问题，严重阻碍了社区体育发展。

总体而言，当前我国社区体育人力资源在数量和质量上都存在诸多问题，无

---

[1] 任海,王凯珍,肖淑红,等.论体育资源配置模式——社会经济条件变革下的中国体育改革(一)[J].天津体育学院学报,2001, 16(2): 1-5.

法满足新时代社区体育发展的客观需要。因此，如何提升社区体育人力资源的质量是未来社区体育资源发展亟须解决的问题。

（四）社区体育文化资源

社区体育文化资源是指社区内居民进行体育锻炼或与体育活动相关的文化氛围及与此相关的资源要素的总称。社区体育文化资源是社区体育发展水平的直接反映。良好的社区体育文化氛围是居民进行体育活动的催化剂，对提高居民体育锻炼的积极性具有重要意义。同时，良好的社区体育文化氛围能为居民进行体育活动提供良好的环境气氛。在浓厚的体育文化氛围中，居民会自觉、自主地参与社区体育活动，社区体育发展的效率自然更高。本书将社区体育文化资源定义为社区体育发展所依赖的各类精神文化元素或产品的综合，主要分为社区体育运动项目、社区体育文化活动以及社区居民的体育意识和行为三大资源要素。

1. 社区体育运动项目

社区体育运动项目是社区体育文化资源的核心要素，是居民体育参与行为的直接表现或依赖载体，对社区体育发展起着吸引和带动作用。运动项目的多样化和运动项目对居民的吸引力能够直接影响社区体育发展。《中国群众体育现状调查与研究》表明，我国社区居民所选运动项目中排前四位的分别是气功、健美操、交谊舞、武术，这些运动项目呈现非竞技化、传统化、韵律性、文体一体化等特点[1]。袁广锋在《我国城市社区体育资源的现状与开发对策研究》一文中指出，当前我国社区体育运动项目较为单一，主要有拳操类、气功类、舞蹈类，社区体育运动的参与主体为老年人和中青年妇女，所以社区居民多样化的体育需求很难得到满足，特别是青少年的体育需求无法得到保障[2]。运动项目的多样化能够提高居民参与体育锻炼的积极性，居民可以根据自己的兴趣和爱好进行选择。就目前我国大多数社区而言，社区体育运动项目比较单一，尤其是在一些经济不发达的地区，社区体育运动项目多数以健身气功、健身操、广场舞等项目为主，这些项目的参与者多为中老年人，这样的现状很难满足当前社区居民多样化的体

---

[1]　中国群众体育调查课题组.中国群众体育现状调查与研究 [M].北京：北京体育大学出版社，2005：212.
[2]　袁广锋.我国城市社区体育资源的现状与开发对策研究 [J].首都体育学院学报，2003，15(4)：25-27.

育需求，尤其是难以满足青少年对体育活动的需求。因此，要想吸引更多的社区居民参与社区的体育活动，就必须改变当前社区体育运动项目单一的状况，促进社区体育运动项目的多元发展，满足更多居民的体育活动需求。

2.社区体育文化活动

社区体育文化活动是依赖于社区体育硬件资源和社区体育运动项目资源的发展而产生的一类体育文化资源，抑或是社区体育运动项目组织化、规范化和竞赛化后出现的文化形态，诸如社区各类体育赛事、体育活动、体育节庆及体育仪式等。随着我国城市的快速发展，社区体育文化活动日益多元化，在满足社区居民体育需求、促进社区居民健身行为和提升社区居民体质健康方面发挥着重要作用，如社区一年一度组织的各类中老年、青少年等群体参与的体育赛事和体育活动，这些都对繁荣社区体育文化具有重要的意义。社区体育的发展水平在很大程度上通过社区体育文化活动的开展水平体现出来，且随着城市社区居民生活条件的不断改善，社区体育文化活动毋庸置疑地成了社区体育资源的重要组成部分。

3.社区居民的体育意识和行为

社区居民的体育意识和行为是指居民对体育的思想认知情况和参与行为情况的表现。从心理学的角度来看，社区居民的体育意识可谓是社区体育发展的根本决定因素，直接影响着社区居民参与体育活动的情况。所以，社区居民的体育意识和行为是衡量社区体育发展水平的核心要素。一般而言，社区居民的体育意识越强，其体育参与行为就越广泛，社区体育发展水平自然就越高。在社区体育发展的实际过程中，增强社区居民的体育意识和扩大社区居民的体育参与行为是广泛采取的重要举措。不言而喻，社区居民的体育意识和行为对于社区体育发展来说是一种不可或缺的资源要素。

（五）社区体育软件信息资源

社区体育软件信息资源是指为促进社区体育发展而制定或设置的各类体育政策（制度）、各类体育信息传播或宣传平台的总称。社区体育软件信息资源是社区体育资源软实力的体现，是一种无形且重要的资源要素，是促进社区体育发展和社区居民获得体育信息的重要手段与渠道。当前，我国城市社区体育软件信息资源主要分为社区体育组织、社区体育政策（制度）及社区体育网络信息服务平台三大要素。

1. 社区体育组织

社区体育组织是指社区辖区范围内存在的各类体育兴趣组织或协会，是促进社区体育发展的重要力量和载体，如各类体育协会、体育俱乐部或公益性体育组织。社区体育组织是社区体育资源的重要组成部分，其中社区体育组织的体制状况、运行机制等直接决定着社区体育资源的利用率和使用情况。社区体育组织一般包括社区体育俱乐部、街道办事处、社区晨（晚）练中心、社区活动中心、社区体育协会等，这些体育组织分别以不同的形式和机制为社区居民提供体育活动的组织和管理服务。

目前，学术界关于社区体育组织的定义还没有达成共识。孟凡强认为，社区体育组织是居民为满足体育需求而聚合在一起的体育参与群体，按照社区体育组织的性质，可以将其分为社区正式体育组织和社区非正式体育组织两类[1]。其中，社区正式体育组织的管理水平相对较高，管理方法相对科学合理，组织目标明确，具有相关的管理规章制度；而社区非正式体育组织的管理水平则较低，结构相对松散，管理目标广泛而不明确，主要依靠感情、道德等手段进行管理，缺乏相应的管理制度。罗光武、王双丽将社区体育组织定义为，在社区体育活动中，为了实现共同的目标而特意组成的各种体育社会实体。他们认为，社区体育组织一般包括以下几个要素：一定数量的成员、特定的组织目标、有明确的规章制度并依靠其来维护体育组织、清晰的组织结构、一定的物质基础、有固定的活动内容和活动时间[2]。笔者查阅大量的文献资料，并且结合前人的研究成果，最终将社区体育组织定义为，在社区范围内的居民，基于共同的兴趣、爱好、情感、友谊，为实现自己在体育方面的共同目标而组建起的社区活动组织。

当前，我国社区体育发展仍然处于初级阶段，社区体育活动的开展主要依靠

---

[1] 孟凡强. 自发性群众体育组织成因的理论探讨——兼论后继实证研究面临的主要课题 [J]. 体育学刊，2006，13(2): 58-61.
[2] 罗光武，王双丽. 我国体育组织浅析 [J]. 体育师友，2006(2): 59-61.

居民自发组织。因此，很多社区的体育组织都是非正式的、自发的、松散的体育组织，在大部分社区中正式的体育组织还非常缺乏。当前我国普遍存在的非正式社区体育组织实际上不利于社区体育资源的综合利用与开发，影响了社区体育资源实效的发挥；也不利于社区体育活动的合理组织与科学开展，难以满足社区居民多样化的体育需求。因此，强化当前社区体育组织的管理与组织能力是社区体育发展的迫切要求。这需要进一步加快非正式社区体育组织向正式社区体育组织的转变，完善社区体育的组织与管理。只有加强社区体育组织的建设与管理，才能更好地推动社区体育的健康与快速发展。

2. 社区体育政策（制度）

社区体育政策（制度）是促进社区体育发展的根本依据，很多时候在保障社区体育工作方面具有强制性的特点，社区体育政策（制度）的完善程度是衡量社区体育资源发展水平高低的重要指标。我国是依法治国的国家，任何社会行为都要在法律许可的范围内进行，否则将会受到法律的制裁。政策法规是城市社区体育可持续发展的重要依据，也是其能否健康有序开展的重要保障[1]。社区体育发展需要政策法规的保障和支持，脱离法律轨道会导致社区体育发展误入歧途。因此，社区体育政策（制度）的健全与完善对社区体育发展格外重要。城市能否健康、科学地发展社区体育，要看其是否具有相关政策法规提供的强而有力的保障。改革开放以来，我国法治化建设的进程逐步加快，大众体育的政策法规越来越多，体育法治化建设越来越完善。国家发布的关于社区体育的政策法规主要包括以下几个部分：①根据社区自身需求预测出在确定期间内的社区体育的结构变化；②社区体育在国家或地方范围内的发展目标、发展规划；③社区体育结构方面的政策法规；④社区体育组织调整方面的政策法规。

早在 1986 年，我国就颁布了《城市公共体育运动设施用地定额指标暂行规定》，对各城市的体育基础设施做了硬性规定。1995 年 8 月 29 日，第八届全国人民代表大会常务委员会第十五次会议通过了《中华人民共和国体育法》（以下

---

[1] 郭可雷. 广西城市社会体育指导员现状调查及发展对策研究 [D]. 广西：广西师范大学，2007.

简称《体育法》）。《体育法》的颁布填补了我国在体育立法方面的空白，标志着我国的体育工作进入了依法治体的新阶段，这是我国体育事业发展的里程碑。《体育法》的颁布对城市社区体育提出了更高的要求，社区体育得以更加有序地开展。1995 年，国务院颁布的《全民健身计划纲要》明确要求将社区体育发展纳入大众体育的发展计划之中。其作为促进社区体育发展的一项重要措施，对社区体育发展可谓是锦上添花，进一步保障和促进了社区体育发展。1996 年 3 月，第八届全国人民代表大会第四次会议批准的《中华人民共和国国民经济和社会发展"九五"计划和 2010 年远景目标纲要》提出了我国要走体育社会化、产业化的道路，要形成国家与社会共同兴办体育事业的格局。1997 年 4 月 2 日，《关于加强城市社区体育工作的意见》发布，明确指出城市社区体育是我国体育社会化的产物，是社会发展的必然产物，也是社会主义精神文明建设的重要内容。

2012 年，国务院印发的《国家基本公共服务体系"十二五"规划》正式将体育纳入基本公共服务范畴，体育公共服务作为一种制度安排被正式确立，以社区体育为主体的社会体育日渐成为一项"民生工程"和"国家战略"并被提上日程。2014 年 10 月 20 日，国务院印发的《关于加快发展体育产业促进体育消费的若干意见》强调"将全民健身上升为国家战略""积极扩大体育公共服务供给"，这是首次在官方文件里将"社会体育"与"体育的公共服务属性"上升到国家层次，并将我国的社会体育发展推进到"后全民健身时代"。

随着经济的发展和繁荣，社区体育也应该有所发展。这些法律法规和政策文件的制定与颁布，充分说明我国政府已充分认识到社区体育在我国社会发展中的重要作用。总体来说，随着我国现代化建设的逐渐深入，保障社区体育发展的政策法规会越来越完善、越来越细化。

3. 社区体育网络信息服务平台

社区体育网络信息服务平台是宣传与普及体育文化的重要载体，更是社区居民了解体育信息的最直接的渠道。社区体育网络信息服务平台的多元性、便捷性和时效性决定着其资源发展的质量与水平。在实际运用过程中，与社区体育发展相关的各种体育知识传播平台和渠道都是其资源要素的重要构成。

三、社区体育资源的基本特征

作为一种资源要素，社区体育资源具有一般资源要素的基本特征。作为特殊资源，社区体育资源在数量、规模、发展方面也具有自身的特征表现，如社区体育资源在经济条件、场馆设施数量、场馆面积等方面凸显的有限性。从作用和功能上来看，社区体育资源具有多种特性，如公益性、自主性、服务性等；从活动内容上来看，社区体育资源具有多样性；从资源分布情况上来看，社区体育资源具有明显的地域特征。对社区体育资源基本特征的分析有利于促进社区体育的快速发展。因此，要从根本上了解社区体育资源的内涵，必须对社区体育资源的基本特征有较为详细的认知和理解。

（一）有限性

众所周知，资源是有限的，但人类的需求却是无限的。社区体育资源同样如此，体育资源的有限性在很大程度上限制了对居民多样化体育需求的满足。在我国，社区体育资源的数量和规模受多种因素的影响和制约，不同类型、不同层次的社区在体育资源的数量和规模上都具有明显的有限性。社区体育资源的建设和维护需要有足够的资金做支撑，缺少体育经费就很难满足居民对于社区体育资源的需求，因此社区体育资源的建设和发展会受到经济条件的制约。按照社区的经济能力，不同层次的社区可以分为高端型社区、发展型社区和适应型社区三种类型。不同类型的社区在经济能力上有很大的差异，这就导致了社区在体育资源分布上存在明显的差异。高端型社区的经济能力较强，居民生活水平普遍较高，所以社区的资金充足，经济实力强，对社区体育资源的投入也会更多一些。但是由于居民对体育资源在数量和质量上都有更高的要求，所以在很多方面居民的需求仍然不能得到满足。而发展型社区、适应型社区在经济能力方面比高端型社区弱，其用于挖掘、开发社区体育资源的资金较少，所以对社区体育资源的投入就相对少一些。因此，发展型社区、适应型社区的体育资源较少，而居民人数众多，社区体育资源的缺乏导致居民的体育需求无法得到满足。以上两个方面充分说明了社区体育资源的有限性无法满足日渐增长的居民对体育资源的需求。社区的体育管理人员作为体育人力资源的一部分，对社区体育的开展具有很重要的组织和领导作用，作为一种资源其本身也具有一定的有限性。例如，部分社区配备体育管理人员，但体育管理人员并不具备专业的体育指导能力，还有一部分社区根本没有配备体育管理人员，更无从对社区居民进行体育指导。体育文化底蕴深厚的社区会更加重视对体育资源的开发与利用，而丝毫没有体育文化氛围的社区则会忽视对体育资源的挖掘与开发。体育文化氛围是一种意识形态的社区体育资源，对于不同社区而言，其体育文化氛围在一定程度上同样表现出有限性特征。

（二）共享性

社区体育资源一般由社区管理部门或者政府部门出资建设，供居民免费使用，是以促进居民身体健康、丰富居民业余生活为目的的公共资源。因此，除了社区中部分收费的体育俱乐部外，其他社区体育资源均具有共享性，任何居民都可以使用社区体育资源。这些社区体育资源具有公共物品的特性，即具有非竞争性和非排他性，这种特性的具体表现就是资源的共享性。非竞争性又称"非争夺性""非对抗性"，主要指某种社区体育资源一旦被提供，在未超过资源承载力的前提下增加一个使用者不会减少其他任何居民对该体育资源的使用数量和质量，其他居民使用该体育资源的额外成本为零。也就是说，增加使用者的边际成本为零。非排他性与排他性相对应。一般而言，排他性是私人物品具有的特性。排他性指排斥他人使用的可能性，即如果一个居民在使用某一社区体育资源时别人就不能使用了；非排他性指居民在使用某种社区体育资源时无法排斥其他居民对该社区体育资源的使用，居民没有使用该体育资源时，也无法排斥其他居民的使用。居民不仅应是社区体育资源开发的参与者，还应是社区体育资源的受益者、维护者，任何居民都应平等地享有使用社区体育资源的权利。社区体育资源开发与利用的实践表明，社区体育资源的共享程度越高，居民之间接触的机会就越多，也就更有利于社区体育资源的开发与利用。

（三）多用性

任何资源的使用价值都不是单一的，除了具有某一方面的用途外，必定还具有其他方面的用途。社区体育资源的功能与其他社会资源一样，也不是单一的。所以，社区体育资源具有多用性的特征。

从功能层面来看，社区体育资源具有以下特点。第一，社区体育资源具有服务性。从体育资源最基本的用途上来看，社区体育资源可供居民锻炼身体、娱乐身心。因此，社区体育资源服务于社区居民的日常体育活动，不仅能够满足社区居民对体育锻炼的需求，提高社区居民的身体素质，还能够在社区中发掘一些有运动潜质的运动员或者培养一些有兴趣和爱好并有足够潜质的青少年成为优秀的运动员。第二，社区体育资源具有公益性。它不仅能够为社区居民提供良好的体育活动场所，通过举办体育活动让各个社区之间形成一种联系，让各社区能够通过体育资源的共享来构建一种互惠互利的关系，还能够充分地实现社区体育资源的共享。各社区的体育资源相互补充，社区在开展各种类型的体育赛事活动中增强了相互之间的联系，建立了良好的合作关系，让社区体育资源得到更好的利用。第三，社区体育资源具有选择性。社区居民可以根据自身的喜好在现有资源中选择能够满足自身体育需求的资源，这种选择不是被动的，而是在充分发挥自身主观能动性的基础上进行的。

从价值层面来看，社区体育资源的功能是多元化的。第一，社区体育资源可以创造收益。社区体育资源不仅能够供本社区内的居民使用，还可以在场地空闲的时候通过出租的方式提供给社区外的居民使用，也可以与缺少体育场地和设施的学校、事业单位进行有偿合作，并从中收取一定的费用，为新增和维护社区体育资源筹集更多的资金。第二，丰富的社区体育资源能够提升社区的整体素质和形象。社区体育资源的拥有量是衡量一个社区综合实力的重要标尺，社区拥有一定的体育资源可以很明显地反映出其经济能力较好、居民体育意识强。因此，将社区体育资源建设好能够提升社区的综合实力和整体形象。第三，完善的社区体育资源能够促进社区与社会的合作。社区拥有完善的体育资源能够吸引更多的企业与之合作，企业可以借用社区的场地进行商业性比赛或者商业宣传。这样一来，不仅社区可以从中获得场地费来补充其体育经费，而且企业可以在比赛中提升知名度和社会影响力。

（四）地域性

我国各地区在经济基础、发展速度、地理位置等诸多方面都存在很大的差异，因此，不同区域的社区在发展上会表现出不均衡的现象，这尤其表现在社区体育资源的拥有量上。从地理位置的角度来看，城市地区与城乡接合部地区的社区体育资源存在失衡、沿海地区与内陆地区的社区体育资源存在失衡、市区与市郊的社区体育资源存在失衡。同一地理位置的社区由于所在的区域不同也存在很大的差异，如同一城市不同档次的社区在体育资源的拥有量上也存在失衡。造成不同档次的社区在体育资源的拥有量上存在巨大差异的主要原因是经济发展的不均衡及国家政策的失衡。沿海地区与内陆地区的社区体育资源存在失衡现象主要是因为经济基础与国家政策的失衡，国家优先发展沿海地区的经济，而暂时后置了内陆地区的经济发展。沿海地区的经济基础本身就比内陆地区的好，这导致内陆地区的经济发展远远不如沿海地区。受经济条件的制约，沿海地区与内陆地区的社区体育资源存在失衡，沿海地区的社区拥有的体育资源更多、更丰富，而内陆地区的社区体育资源则相对匮乏。

综合上述，从不同区域内社区在体育资源的拥有量和质量上的巨大差异可知，社区体育资源具有地域性特点。市区与市郊在地理位置上的差异导致其各自社区在体育资源的拥有量上也存在很大的差异。城乡二元结构的形成，不仅导致城市与城乡接合部差异的增大，同时还导致市区与市郊的差异进一步增大。在经济实力上，市区社区要比市郊社区强，这种经济实力上的差异迁移到社区体育资源中就造成了社区体育资源的配置和占有上的失衡。市区社区的体育资源状况要远远好于市郊社区，其主要表现为市郊社区只有部分基础性体育设施，如有些市郊社区只有一些简陋的乒乓球台、室外篮球场等，而市区社区却有着较为丰富的非基础性体育资源，如游泳池、各类球馆等。

第二节 社区体育资源的来源

社区体育资源的来源即社区体育资源各构成要素由谁供给、如何供给的问题，明晰该问题是优化社区体育资源配置，促进社区体育资源健康发展的关键问题。现阶段我国社区体育资源的来源复杂，供给主体总体上呈现多元化的局面，主要有社区自筹、政府行政性扶持、社会主体赞助、市场主体参与四大方面。为搞清楚当前我国城市社区体育资源的来源，课题组根据前述社区体育资源的分类，分别探索了其来源问题，旨在为社区体育资源非均衡管理实施条件评价、社区体育资源非均衡管理实现路径构建等研究内容奠定理论基础。

一、社区体育硬件资源的来源

社区体育硬件资源的来源，即现阶段我国城市社区各类体育场地、场馆、器材及相关设施由谁配置、如何配置的问题。根据社区体育硬件资源的供给样态，本文将社区体育硬件资源的来源分为社区自治、政府供给、社会主体供给、市场主体供给四种形式，实际供给过程中各主体既存在多元协同参与的情况，也存在单一独自供给的范式。

（一）社区自治

通过前面的分析可知，社区体育硬件资源是指社区内部配置的各类体育场地、场馆、设施及相关器材等物质要素的总和，显然此类体育资源的建设基础是社区所具备的自然资源要素，如土地空间、地形地势、水文气候等。所以，不言而喻，社区天然的自然资源要素是社区体育硬件资源建设所依赖的基础要素，或者说，社区具备的上述自然资源要素即可视为社区体育硬件资源的基本组成。首先，由于社区体育硬件资源的发展受现阶段政治、经济、文化、社会等因素的影响，实际运用中城市社区往往会主动地结合所处自然条件的情况，创建适宜各类体育活动开展的体育健身场所，如广泛存在的各类健身广场。其次，社区体育管理部门购买或建设社区体育硬件资源。社区居委会是我国基层群众体育事业的直接管理者和参与者，承担着促进社区体育发展的基本职责，因此，社区居委会及相关部门自行筹资建设或购买相关体育设施也是现实中广泛存在的社区体育硬件资源的供给方式。最后，居民参与供给。社区居民既是社区体育活动的直接参与者，又是社区体育发展的根本受益者。随着城市社区居民经济条件和生活观念的改变，社区居民广泛参与、共同出资购买或建设相关体育设施成了一种新的社区体育硬件资源供给形式。同样，由于部分社区居民经济收入的提高，居民个人出资购买体育设施也是社区体育硬件资源的重要供给来源。

（二）政府供给

我国政府是基本公共服务的践行者，促进社区体育发展不仅是我国各级政府需要履行的基本公共服务职能，还是政府的职责和义务。正是基于我国政府的基本职能和性质，在现阶段政府是社区体育硬件资源的供给主体，可谓是社区体育硬件资源供给的保障性力量。例如，《全民健身计划纲要》《体育法》《公共文化体育设施条例》《划拨用地目录》《城市社区体育设施建设用地指标》《国务院关于促进健康服务业发展的若干意见》等众多法律和规章制度对政府履行社区体育硬件资源的供给职责做出了规定和说明。数据显示，2010 年、2012 年、2013 年、2014 年用于体育场馆建设的国家财政拨款分别为 34 790.03 万元、38 011.80 万元、48 189.50 万元、45 620.70 万元，上述数据说明我国中央政府是社区体育硬件资源的重要供给主体 [1]。同时，各级地方政府充当着中央政府部门对社区体育硬件资源供给的补充。以重庆市为例，重庆市为打造体育城市，仅 2017 年就新建社区全民健身中心 1 个，运动休闲特色小镇 1 个、滑板场地和攀岩场地各 1 片、登山步道 1 条、公园配建体育设施 1 个、新建社区健身点 300 个，为全市 69 个大型体育场馆争取中央财政补贴 7563 万元，引导和支持全市非标准体育场馆免费或低价向社会开放。市内各区县累计建成公益性体育场 37 座，体育馆 40 座，游泳馆 32 座。可见，重庆市地方政府是其社区体育硬件资源的重要供给主体 [2]。实际上，当前全国各地方政府都是所辖区域内社区体育硬件

---

[1]　尚力沛 . 我国第六次与第五次体育场地普查结果的比较分析 [J]. 吉林体育学院学报，2015，31(5)：45-49.

[2]　佚名 . 2017 年我市新建的公共体育设施，你知道有哪些吗 ?[EB/OL].(2018-01-02)[2020-06-01]. https: //www.sohu.com/a/214198255_500001.

资源的重要供给主体，政府职能的充分履行对推动各地社区体育发展起着重要的作用。

（三）社会主体供给

社会主体供给是指各类社会公益组织、协会或俱乐部参与的社区体育硬件资源供给。随着社会经济的发展，各类体育组织、协会或俱乐部日益增多，日益成为推动社区体育硬件资源供给的重要力量。社区体育硬件资源的实际供给涉及的公益性社会主体主要包括各类学校、相关事业单位及其他公益性组织等，如学校向社区居民免费开放各类体育场地设施、各类体育中心向社区居民免费或低价开放公共体育场地设施、相关体育组织向社区赞助各类体育场地设施等，可以说社会主体已经成为社区体育硬件资源供给的重要力量，为推动社区体育硬件资源的发展与完善做出了重要贡献。

（四）市场主体供给

市场主体是指以商业经营为目的的各种力量要素的总和。目前参与社区体育硬件资源供给的市场主体力量主要包括各类企业单位、个体户及个人等。随着我国市场经济发展的日趋成熟和深化，市场主体具有的社会责任意识不断增强，加之市场经营主体具有雄厚的经济实力或灵活丰富的体育资源，市场主体供给社区体育硬件资源已经成为众多地区，尤其是经济发达的城市，社区体育硬件资源的重要供给力量。例如，各类健身会所通过各种方式向社区居民提供健身场所或设施，相关企业向所在地的社区居民免费开放体育场地设施。所以，市场主体也是社区体育硬件资源供给力量的重要组成部分。

二、社区体育人力资源的来源

社区体育人力资源是指为推动社区体育发展而投入的人的要素的总和。它是促进社区体育发展的智力保障，决定着社区体育的发展质量和发展方向。随着我国社区体育发展水平的不断提高，社区居民体育需求的不断扩大，社区体育人力资源的配置日益受到社会各界的关注和重视，现阶段采取的配置方式主要包括政府配置、社区自行安排和体育志愿者服务。

（一）政府配置

我国政府作为公共体育服务职能的履行主体，保障城市社区居民的体育利益是其基本职责。同样，社区体育人力资源是促进社区体育发展的智力要素，在优化社区体育人力资源配置和保障社区体育可持续、健康发展方面，政府依然充当着主导者的角色。目前，社会体育指导员、社区体育管理人员等体育人力资源要素的配置主要由政府通过编制配置和编外招聘的方式实现供给。其中，现行的社区体育人力资源的安排多融合于社区居委会或上级街道的文化、体育、卫生等部门的人事安排。因此，社区体育人力资源存在总体配置不足、配置质量不高和人权、财权、事权不明等问题，对社区体育发展的促进作用较为有限。

改革开放以来，尤其是2008年奥运会之后，我国政府加大了对基层群众体育人力资源的配置和培养的投入力度。以社会体育指导员为例，自1993年开始，国家体育运动委员会（简称"国家体委"，现为国家体育总局）将社会体育指导员划分为三级、二级、一级及国家级4个等级层次，我国体育相关部门承担着培养社会体育指导员的职责。在社会体育指导员培训支出方面，2011—2014年国家体育总局本级体育彩票公益基金用于社会体育指导员培训的支出分别为2903万元、3023万元、3820万元、7140万元，呈现明显的增长态势。此外，地方政府是社会体育指导员培养的重要力量。数据显示，2014年全国有半数以上的省、自治区、直辖市投入的社会体育指导员工作经费在100万元以上，其中有9个省、自治区、直辖市达300万元以上。2011—2014年，全国各省、自治区、直辖市投入的社会体育指导员工作经费分别累计为3043.26万元、3989.6万元、8254.97万元和6663.4万元。

在社会体育指导员人均配置方面，截至2013年城市每千人拥有2.2名社会体育指导员，提前超额完成国家体育总局发布的《社会体育指导员发展规划（2011年—2015年）》规定的"城市达到每千人至少拥有一名社会体育指导员"的任务。近年来，国家体育总局和地方体育管理部门积极迎合城市社会体育指导员的增长需求，不断增加社会体育指导员的培训次数和人数规模。《社会体育指导员工作评估报告（2011—2014 年）》显示，2011 年以来我国政府审批登记注册的社会体育指导员为 1 076 754 人，包括国家级 8226 人，一级 79 684 人，二级 264 684 人，三级 724 160 人，从国家级到三级的比例依次为 0.8%、7.4%、24.6% 和 67.2%，国家级、一级社会体育指导员的人数和比例有了一定的提高。上述数据表明，我国政府部门是社区体育人力资源的重要供给主体，承担着推动城市社区体育发展的重要责任。

（二）社区自行安排

随着城市经济水平的不断提高，社区居民的体育参与需求不断增强，居民对社区体育人力资源的需求量也快速增长，尤其是需要及时增加社区体育管理人员和社会体育指导员的配置，以此规范社区体育的健康发展，促进社区居民体育参与的行为和意识的科学转变。但与此同时，面对社区体育人力资源需求的巨大变化和现阶段我国各级政府的财政能力，仅凭政府的力量难以满足巨大的社区体育人力资源需求，自然出现供给不足和供给乏力的问题。基于此，我国各城市社区也在不断探索体育人力资源配置问题的解决之道。社区结合实际情况自行配置相关体育人才也成了现阶段我国社区体育人力资源配置体系的重要补充方式。在社区体育管理人员方面，依靠社区现有体育管理人员的构成体系，设置集文化、体育、卫生为一体的综合管理组织，充分利用各方面的管理人才加强社区体育的管理。在社会体育指导员方面，社区充分挖掘本社区的体育人才、周围社区的体育人才、各类企事业单位的体育人才，通过临时聘用、合作共生、公益服务等多元方式增加社会体育指导员的数量，促进社区居民体育健身和体育意识的科学发展。在体育事业发展规划人才方面，社区主要通过"一事一议"制度集思广益，共商社区体育发展规划；通过向社区空间范畴内的体育专业人士咨询，制定好社区体育事业发展规划和管理制度；积极寻求上级体育管理部门的支持和援助，结合社区体育实际发展情况制定"因区制宜"的发展规划。

（三）体育志愿者服务

志愿者服务是一种无偿性的公益活动。近年来，各种类型的志愿者服务快速发展，产生了巨大的社会影响力。同样，体育志愿者服务作为一种文化性的公益活动，对推动体育科学知识和技能的传播、促进社会体育文化的发展具有重要意义。近年来，随着基层群众体育的快速发展，全国各地各种类型的志愿服务越来越多，志愿者参与体育文化传播、体育运动技能讲解和体育健身方法咨询等。现阶段，社区的体育志愿者主要来源于社区附近的学校、体育协会、体育俱乐部等组织。比如，河南省政府 2017 年就利用高水平赛事平台开展了特色志愿者赛会服务活动，组织专家向社会传播体育训练、体育竞赛、体育健身、体育场地器材和运动医学等方面的专业知识与技能，旨在提升河南省全民健身水平。又如，上海宜川路街道利用学生实践指导站，开展了社区体育志愿者培训活动，通过邀请高校体育专业的大学生和教师讲授跳绳等项目的科学健身方法与讲解健身活动过程中的注意事项等内容，提升了社区居民的科学健身水平。

三、社区体育财力资源的来源

社区体育财力资源作为社区体育资源的核心要素之一，是决定社区体育资源发展水平的关键资源，可以说社区体育资源的发展水平归根结底取决于社区体育财力资源的情况，以此由社区体育财力资源转换成社区体育硬件资源、社区体育文化资源、社区体育人力资源及社区体育软件信息资源等外围资源。目前，我国城市社区体育财力资源的来源仍然呈现单一化与多元化并存的状态，来源渠道或供给主体主要分为社区自筹、政府体育专项财政拨款及社会主体（公益性组织或经营性组织）赞助三种方式。这三种供给方式互为补充、多样存在，成了不同地区社区体育资源配置差异性出现的根源。

（一）政府体育专项财政拨款

我国政府行政体制有中央政府和地方政府之分，推动各地的体育事业发展是政府必须履行的基本公共服务职能。现阶段，我国城市社区体育发展所需的经费来源绝大多数由中央政府和地方政府按照一定的比例共同承担，因此社区体育财力资源的来源自然也分为中央政府的财政拨款和地方政府的财政支持两个方面。

1. 国家财政拨款

国家财政拨款是指国家为了维持其存在和实现其社会管理职能，凭借政权力量划拨各种专项发展经费以促进各项事业发展的一种行为。国家财政拨款是国家为了满足居民的社会公共需要而对社会产品所进行的集中性分配行为，同时其本身也是一种宏观的社会公共管理行为。长期以来，我国城市社区体育发展的经费来源主要依赖于国家财政拨款。当前社区体育资源失衡的问题日趋严重，解决这一问题的重点是加强国家宏观调控，在开发和利用社区体育资源时要科学合理地规划财政拨款，使社区体育发展更加富有活力和生命力。国家体育专项财政拨款对促进各地社区体育资源的科学配置起重要作用，因为它承担着对各地群众体育发展进行宏观调控和对体育资源进行均衡配置的重任。例如，"十二五"期间，我国政府实现了全民健身"三纳入"（即将全民健身事业纳入各级国民经济和社会发展规划、将全民健身事业经费纳入各级财政预算、将全民健身工作纳入各级政府年度工作报告）。从此，体育事业的财政投入基本全方位纳入国家的年度财政预算，有效地保障了城市社区体育财政的基本投入。现阶段，国家财政在体育领域的投资主要表现在大、中、小城市社区中的体育健身场所修建和体育器材购置，学校的体育器材配置，以及体育场馆建设等，为城市居民和学生锻炼身体提供了基本的场地和器材，满足其体育锻炼的基本需求，对大众体育的开展和普及具有积极的推动作用。国家直属的体育指导部门，对体育事业进行直接管理，负责体育事业财政，促使我国体育多元化、多样化发展。此阶段，国家的体育专项财政拨款尤为关键，若是没有国家财政的扶持，社区体育发展将举步维艰。

2. 地方政府的财政支持

地方政府是以服务为宗旨、以公平为核心、以民主为基础、以法治为保障，为管辖范围内全体人民大众服务的政治机构。为人民服务是政府的工作宗旨，地方政府不仅要促进地方经济的快速发展，还要保障居民的基本生活需要，提高居民的生活水平和幸福指数。政府除了具有经济职能、政治职能、文化职能外，还具有社会公共服务职能。地方政府有责任保障居民的基本生活需求，进而为居民营造一个良好的社会生活环境。社区作为城市的组成单元，是居民生活的家园。

随着物质生活的日益丰富，居民的需求开始从物质方面向精神文化方面转变，而体育的文化消费或参与日益成为社区居民的重要生活方式。因此，在全民健身与居民生活不断融合的背景下，援助和扶持社区体育，增加社区体育的财政投入比重，满足社区居民的体育健身需求，成了地方各级政府必须承担的重要职责。以青海省为例，"十二五"期间，青海省投入体育基础设施建设资金 9.47 亿元，其中争取中央财政预算内资金 9.23 亿元、地方政府发放债券 0.24 亿元，用于建设青海 5 个州级和 26 个县级群众体育文化活动场馆、25 个县级体育场以及 73 所中小学的塑胶运动场和室内体育馆[1]。显然，青海省人民政府的体育专项财政拨款是该省社区体育经费的重要来源。

（二）社区自筹

社区体育资源开发与管理的经费除了依靠国家和地方政府的财政拨款外，还有相当一部分源于社区自筹。社区自筹是指社区在自身经济能力范围内对社区的基础设施进行配置和完善，社区自筹经费可用于经济、文化和教育等各个方面。社区自筹能够在一定程度上促进社区体育资源更好地开发和利用，而社区自筹的能力往往与社区的经济、政治等综合实力相应。经济、政治等综合实力越强的社区用于体育事业的经费就越多，而经济、政治等综合实力较弱的社区用于体育事业的经费就少得多，这在某种程度上也体现了社区体育资源失衡的现状。无论是经济条件好的社区还是经济条件差的社区，都会或多或少地拿出一定的经费用于社区体育资源的开发与利用。但是需要注意的是，社区自筹经费的额度与社区的经济实力是呈正比态势的。在社区体育资源失衡的情况下，如果完全依靠社区自筹进行社区体育资源的配备，往往会出现"好的越好，差的越差"的"马太效应"，就会进一步拉大不同层次社区之间体育资源占有的差距。目前，社区自筹经费的来源主要分为社区部分收入和居民共同出资两种。

1. 社区部分收入

在社会主义市场经济条件下，充分挖掘社区体育资源自身的商业价值，可以

---

[1]　丁海平. "十二五"期间我省 9.47 亿元完善全民健身服务体系 [EB/OL].(2015-11-10)[2020-06-01]. http: //www.qhnews.com.

实现社区体育资源的商业化运营，为社区体育资源开发与管理筹集部分资金。社区体育经费的一个重要来源就是社区自身"造血功能"创造的收益。社区经济收入主要来源于财政补助、附属部门上缴、上级单位补助、事业收入等，而其收入的一个重要途径就是通过体育场地、器材等资源的多种经营产生经济效益。一般而言，社区中的体育场馆、优秀的体育人才都可以通过运营产生实际收益。社区中的体育场馆可以通过运营的方式或者出租的方式，将固定资产转化为直接的流动资产，其收益扣除一定成本后作为社区的经济收入，为社区体育发展减轻一定的压力。优秀的体育人才作为社区的一种体育人力资源，本身是不可以商业化的，但是社区可以通过聘任等方式让其为居民提供相应的体育指导服务，然后按一定比例支付相应的酬金，剩余收益可作为社区体育经费。在社区中还分布着一些小微型企业，这些企业每年也需要向社区上交一部分费用，这些费用作为社区收入要用于社区公共事业，并且会按照一定比例用于社区体育资源建设。当前，我国体育产业化的发展格局尚未成熟，而且许多社区的体育资源相对较少，再加上缺乏专业的体育商业化运营人才，所以我国大部分社区自身并不具备"造血功能"。

2. 居民共同出资

随着居民经济水平的提升，人们越来越重视通过体育锻炼促进身体健康，并且他们经常在空闲时间就近取材地进行体育锻炼。建设多种社区体育资源可以为各项社区体育活动的开展奠定基础。同时，随着居民经济条件的好转和生活观念的转变，体育健身需求驱动社区居民自主参与体育经费的筹集。实际上，社区自身可供支配的体育经费较少，这导致社区各项体育活动受到一定程度的限制。因此，不少居民主动地组织或倡导广大社区居民共同捐献、共同出力，为社区体育资源的建设筹集一些资金，这种方式在经济发达的沿海城市的社区广泛存在。

（三）社会公益组织赞助

目前，我国社区体育资源的建设资金有一部分来源于社会力量的帮助，包括社会集资、社会捐赠、社会赞助、社会资助等，这种资金来源方式是社会公益组织责任的体现。

社会集资是一种公益慈善捐助、救助，是国家通过银行等金融机构，以债券、保险、基金等方式进行的活动。社会集资是国家金融体系发展初期的产物，是政府、团体或个人为兴办某种事业，通过财政和银行信用以外的各种渠道，向社会筹集资金的活动，如集资办教育、集资建住房等。它最大的优势是贡献与利益挂钩，因而能够调动参与者的积极性。在我国，体育经费的社会集资的主要途径有发行体育彩票、接受捐助、集资社会赞助等。

社会捐赠是指自然人、法人或其他社会团体出于爱心，自愿无偿地向公益性社会团体、公益性非营利单位、某个群体或个人捐赠财产进行救助和帮扶的活动。目前，社会捐赠不仅被列为民政部门的一项日常性工作，而且是街道、居委会等基层组织工作的重要内容，并逐步扩展成为政府机关、社会团体、企事业单位、各类学校、人民解放军、武警官兵和热心群众积极响应的一种奉献爱心的公益活动。社会慈善机构对于社区体育的发展也有一定的推动作用。社会慈善机构会对一些经济条件较差的社区提供财力和物力援助，帮助贫困社区建造基础体育设施，推动贫困社区体育工作的开展。

社会赞助是指组织或团体通过提供资金、产品、设备、设施或免费服务的形式资助社会事业的活动。社会赞助的基本类型包括体育活动、文化活动、教育事业、慈善事业。体育明星和体育赞助商对社区体育发展也有很大的促进作用。体育明星矫健而敏捷的身手深受大众喜爱和追捧，社区居民对体育明星的崇拜演变成其对体育运动项目的热爱，这促使社区体育成了部分居民进行体育锻炼的首要选择。这种明星效应提高了居民参与体育运动的积极性，使社区体育成了居民闲暇时间的时尚选择。体育赞助商出于自身经济利益考虑，向社区赞助体育设施。社区配置了体育赞助商赞助的体育器材，体育赞助商宣传了自己的产品，这实现了社区居民与体育赞助商的双向获利。通过赞助，不仅社区可以与公众建立良好的关系，提升社区与外界交流的和谐度，而且相关企业、组织可以树立热心社会公益事业的良好形象。

社会资助主要是由爱心人士组建的组织、企业和私人业主等提供的资助以及体育彩票的资助。社会资助具有以下特点。首先，社会资助的来源具有广泛性。社区体育的发展并不是孤立无援的，发展社区体育要靠多方面的援助。社区成员结构具有多元性和复杂性，社区成员之间的财富积累量有一定的差距，社区成员对于社区体育的爱好程度也有一定的差异。例如，社会财富越多的居民为社区体育提供资金支持的能力就越大，他们可以为社区体育增添体育设施，提高社区体育资源的质量，增加社区体育资源的种类。热衷于社区体育的居民可以对社区体育进行大力宣传，鼓励居民参与社区体育，提高社区体育的发展能力。也就是说，热衷于社区体育而且财富积累量高的居民对社区体育发展的帮助是不言而喻的。他们既有资金又有积极性，对社区体育发展具有双重促进作用。其次，社会资助是无偿性和有偿性的统一。一方面，社会资助具有无偿性，因为社会资助主要是社会上的爱心人士、组织和团体为推动社区体育发展的投资，他们关注我国体育事业发展，投入资金促进社区体育发展是他们爱家爱国的一种体现，其资助社区体育不是为了获得收益，而是出于社会责任感和公德心。另一方面，部分企业和团体通过赞助等方式资助社区体育，虽然他们不是直接与社区进行钱财交易，但是在长期的体育活动中，社区居民可以了解和认识这些企业和团体，进而可以提高企业和团体的知名度，这可以转化为商业价值。无论社会资助是无偿的还是有偿的，需要明确的是，这些社会力量不断促进我国社区体育发展，不断丰富社区体育资源，让居民可以在闲暇时通过体育活动满足强身健体、休闲娱乐、社交等需求。这不仅提升了社区居民的体质水平，而且在很大程度上促进了社区的精神文明建设。

四、社区体育文化资源的来源

根据前文的分析，本研究将社区体育文化资源界定为发展社会体育事业所依赖的各类体育精神文化元素或产品的总称，具体包括社区体育运动项目、社区体育文化活动及社区居民体育意识和行为三大资源要素。为便于分析，本研究进一步从资源要素来源的角度将社区体育文化资源分为内源性体育文化资源和外源性体育文化资源两类。其中，社区居民体育意识和行为的形成主要源于当代社会体育文化氛围的推动和相关部门或组织对体育科学文化知识的传播与推广，属于典型的体育文化长期作用的产物。其他社区体育文化资源的来源则有内源性和外源性的区别。

（一）内源性体育文化资源的传承与发展

内源性体育文化资源是指城市社区在历史发展过程中传承下来的特色体育文化要素。地域或辖区内的各类传统体育文化项目和民族民俗体育文化项目、特色体育赛事和体育节庆活动等，都属于典型的体育文化资源要素。从内源性体育文化资源要素的含义可知，此类体育文化资源要素主要依靠社区居民对地域或辖区内的各类传统特色体育文化资源的传承和发展，或当地相关部门或组织对传统特色体育文化资源的保护与开发。我国国土面积广大、人口构成多元，各地城市体育文化因当地自然、人文等环境因素的差异形成了多元图景的体育文化本相，其外在的文化表现形式也多种多样。例如，北方城市的冰雪运动文化、南方城市的钓鱼文化、沿江沿河城市的龙舟竞技文化。又如，广西壮族自治区河池市的独竹漂文化、柳州市三江侗族自治县的花炮文化等。而体育节庆习俗有壮族的"三月三"系列民族体育文化活动，汉族的端午节赛龙舟等。显然，我国各地城市都拥有丰富多元的内源性体育文化资源，且无论是内源性体育节庆活动还是特色体育运动项目或体育赛事，都是长期发展、积淀的文化资源，蕴含着丰富多彩的文化内涵，是现阶段我国社区体育文化资源的重要构成部分。

（二）外源性体育文化资源的引进与创新

外源性体育文化是指城市社区在历史发展过程中，通过对外吸收，塑造和发展而来的特色体育文化。随着我国各地城市对外开放水平的不断提升，国家文化传播趋势日趋增强，社区体育文化的发展自然无法独立于国家乃至国际体育文化构成之外。当今社会，社区体育文化资源的发展受地域限制的影响不断减弱，任何一项符合大众需求的体育文化资源一旦产生或被发现，都会以极快的速度向国内、国际传播，成为社区体育文化资源的重要内容。比如，20世纪90年代兴起的广场舞体育文化项目经过二三十年的发展，如今在城市中随处可见。又如20

世纪 80 年代国内首场马拉松赛事举办，经过几十年的发展，马拉松赛事文化在国内各大城市中迅速传播，成为社区居民的一项重要体育文化活动。数据显示，2010—2015 年我国马拉松赛事由 13 场增加至 134 场，参与人次达到 150 万。此外，漂流、越野、赛车、攀岩等外源性体育运动项目近年来在我国各地城市广泛兴起，对丰富社区居民的体育文化生活方式具有重要意义。此外，引进的外源性体育文化项目与本地自然、人文环境结合而塑造的新型特色体育文化资源也是社区体育文化资源的重要来源。例如，重庆市结合特色的沿江城市风貌、地形地貌及当地饮食文化元素，打造影响力较大的特色马拉松、山地越野等户外休闲运动项目，这受到了当地社区居民的广泛好评。所以，外源性体育文化的引进与创新已经成了社区居民体育文化资源的重要来源。

五、社区体育软件信息资源的来源

社区体育软件信息资源是指为促进社区体育发展而制定或设置的各类体育政策（制度）、各类体育信息传播或宣传平台的总称。作为一种体育软实力资源，社区体育软件信息资源的发展属于典型的长期性投入，社区体育软件信息资源的来源属于促进发展性资源类型。根据社区体育软件信息资源的要素构成，其来源可分为政府扶持发展和社区自主发展两类。

（一）政府扶持发展

社区体育软件信息资源作为社区体育资源的内容体系，承担着组织社区体育发展、服务社区体育科学知识传播与普及以及指导社区体育发展方向的重要职能。而政府作为社区公共体育服务职能的主体承担者，是现阶段我国社区体育软件信息资源的供给主体。政府在社区体育软件信息资源的供给建设过程中，主要扮演着供给者和指导规划者的角色，通过组建各类体育协会组织，设置各类体育科研的横向项目和纵向项目，组织社会各个领域的专家制定社区体育发展规划、政策或文件等方式，实现社区体育软件信息资源的供给，促进社区体育发展。比如，各级政府主导的各类体育信息服务数据库、制定和发布的各类体育发展规划、促进社区体育发展的各类政策工具等，都属于政府供给的社区体育软件信息资源，在促进社区体育发展的过程中发挥着至关重要的作用。

（二）社区自主发展

城市作为人口高度集中、商业高度发达、文化相对繁荣的居民聚集区，其社区辖区聚集了各类政治、经济、文化等社会或市场力量，其体育软件信息资源具备一定的自主发展能力。

一方面，社区凭借着资源聚集的优势实现共生。在实际运用的过程中，很多社区都与各类组织展开合作，共享体育软件信息资源带来的好处，以此推动社区体育发展。首先，社区利用学校在体育人才、科技和组织方面的优势，建立相应的体育信息服务平台和制定体育发展规划。例如，邀请学校体育教师或专家制定社区体育管理制度或发展规划，借助学校的体育教育平台组建体育报刊、书籍等相关方面的体育知识服务平台，利用学校的各类体育兴趣组织举办各类体育文化活动。其次，社区利用体育俱乐部等体育营利性组织发展社区体育软件信息资源。体育营利性组织具有了解市场体育需求信息和拥有专业体育人才队伍的独特优势，能为社区掌握前沿体育科技、了解社区居民体育需求和服务社区体育发展提供便利。最后，社区利用各类公益性体育组织、协会的"集体行动"优势，组织社区居民广泛参与各类体育活动，促进社区体育文化繁荣发展。

另一方面，社区购买和居民自助。通过前文的分析可知，基于城市社区自身在政治、经济、文化及社会等方面的优势资源，社区作为城市的基层体育单位具备一定的经济收入能力。所以，社区和居民个体购买公共体育服务的方式可成为社区体育软件信息资源发展的重要来源，如社区通过与学校、体育俱乐部等主体进行合作，购买相关的体育软件信息服务，促进社区体育发展。此外，由于社区居民自身体育需求的不断扩大，居民在体育发展方面的自主意识和能力不断增强，广大居民集思广益、众筹资金建设社区体育软件信息服务平台成为现阶段我国社区体育软件信息资源的重要来源方式。

第二章　社区体育资源非均衡管理实施条件评价体系构建

第一节　社区体育资源非均衡管理实施条件评价体系构建的指导思想与理论基础

一、社区体育资源非均衡管理实施条件评价体系构建的指导思想

（一）科学发展观

社区体育资源非均衡管理实施条件评价体系的指标选择，坚持以社区居民体育需求为根本，以社区资源各要素全面科学发展为指导，以促进社区体育整体均衡发展为目标的指导思想。

（二）差异化指导思想

现阶段，我国社区体育资源在地域内的不同城市、城市内的不同区域及社区内的不同群体之间均呈现较为普遍的配置失衡现象。社区体育发展因自然环境、人文环境的客观差异呈现因地而异的需求规律。因此，社区体育资源非均衡管理实施条件评价体系构建必须坚持因社区而不同的差异化指导思想，充分考虑不同层次社区的自然与人文因素。

二、社区体育资源非均衡管理实施条件评价体系构建的理论基础

（一）可持续发展理论

1972 年，在瑞典首都斯德哥尔摩举行的联合国人类环境研讨会上，可持续发展的概念第一次被正式讨论。1987 年，时任挪威首相的布伦特兰在报告《我们共同的未来》中，将可持续发展的概念定义为"既满足当代人的需要，又不对后代人满足其需要的能力构成危害的发展"。这一定义得到了广泛认可，并在 1992 年召开的联合国环境与发展大会上达成共识。我国学者在吸收国外研究成果的同时，对这个定义做了补充——可持续发展指不断提高人类生活质量和环境承载能力，能够在满足当代人需求的情况下不损害子孙后代利益的发展。2002年，中国共产党第十六次全国代表大会把"可持续发展能力不断增强"作为全面建设小康社会的目标之一。这为我国社区体育资源的可持续发展提供了理论基础。

可持续发展是以保护自然资源为基础、以促进经济发展为条件、以改善和提高居民生活质量为目标的发展理论和战略。可持续发展是一种新型的发展观、道德观和文明观。社区体育资源可持续发展理论是可持续发展理论在社区体育发展中的具体应用，是可持续发展的进一步延伸。社区体育资源的可持续发展对社区体育的全面发展具有重大意义，它是满足居民体育需求的重要发展战略。

社区体育资源可持续发展有三重含义。一是满足需要，即发展社区体育首先要适当开发和利用体育资源，实现体育资源的可持续发展，满足居民的基本体育需求，提高居民的体育需求层次。二是资源限制，即体育资源满足居民目前和未来体育需求的能力是有限的，这主要体现在体育资源的有限性上，社区体育资源可持续发展最重要的一点就是要协调好资源有限性与居民需求无限性之间的矛盾。三是平等，既包括同代人之间的平等，又包括上下代人之间的平等。同代人之间要保持体育资源享有的平等。如果过度地使用社区体育资源，尽管社区居民的体育需求在短时间内得到了满足，但对社区体育资源造成了巨大的破坏，这就是同代人之间享有社区体育资源的不平等。上下代人之间的不平等指虽然当

代居民获得了大量的体育资源，但造成了很大的浪费，这对后代居民来说是不平等的。

社区体育资源可持续发展的最终目标：在社区体育资源的开发与利用过程中保持资源有限性和需求无限性之间的协调性；满足社区居民更高层次的体育需求；丰富居民休闲娱乐的方式。社区体育资源可持续发展是社区体育稳定快速发展的基础，也是社区体育资源整合开发应遵循的基本原则。目前，社区体育发展存在盲目过度开发、体育基础设施建设不合理等问题，这违背了可持续发展理论的基本原则。社区体育资源的整合开发，一方面是对社区内的体育基础设施进行重新组合，社区之间互相合作、协调发展，实现社区体育基础设施的共享，尽量避免重复建设；另一方面是对社区、居民、体育资源之间的关系进行整合，使三者之间达成整体平衡、和谐发展的状态，这也是实现社区体育资源可持续开发与利用的最终目标。

（二）非均衡发展理论

非均衡发展理论源于 20 世纪的经济学理论，指在经济发展中各区域在人力、物力、财力方面存在很大的差异，这导致其在经济发展上也存在很大差异。非均衡发展理论的提出出于在资源有限的条件下对提高资源利用效率、发挥资源最大作用以促进社会更大发展的考虑。人类社会的资源是有限的，而社会群体的需求是无限且不可抑制的，所以在资源与需求的对抗中，需求战胜了资源，人们最终选择解决资源的有限性来满足人类日益增长的社会需求，即通过不断改善资源的利用方式来提高资源的利用率，以增加单位资源的利用容量，最大程度地满足人类的需求。人类社会在资源、收入以及各种自然条件之间存在很大的区域差异，实施均衡发展在技术上是不可行的，在理论上即使可行，但是为之付出的代价会远远大于资源本身，因此实际上也是不可行的。所以，要实现全社会的共同发展，而不是绝对均衡发展。

所谓非均衡，指不同的区域、行业、群体之间在资源利用方式、资源利用效率、收入分配、社会地位等方面的差异而导致的不平衡。非均衡发展理论主要涉及以下几个理论：缪尔达尔的循环累积因果论、郝喜曼的不平衡增长论、佩鲁的增长极理论、弗里德曼的中心－外围论、威廉姆逊的倒 U 型理论、区域经济梯度推移理论。

我国人口众多、地大物博，各区域在政治、经济、文化等方面存在着很大的差异，这些差异并不是社会发展的弊端。相反，这些社会差异更好地带动了整个社会的发展。社会差异是绝对存在的，从整个人类社会的发展来看，非均衡发展是普遍存在且不可避免的，非均衡发展具有普遍性与不可避免性。任何社会都不可能实现绝对的均衡发展，所谓的均衡发展都是相对的，都是建立在非均衡发展的基础上的。社会发展史是均衡发展与非均衡发展共同谱写的，均衡发展与非均衡发展既对立统一又相互联系。均衡发展是相对的，非均衡发展是绝对的，两者决不可割裂开来。均衡发展和非均衡发展之间是矛盾的，但这种矛盾是合理的。马克思主义唯物史观认为，社会基本矛盾是社会发展的根本动力，正是均衡和非均衡这对矛盾为社会注入了源源不断的发展动力。任何割裂均衡与非均衡的思想都是错误的，认为要实现社会发展就必须均衡发展的思想同样是错误的。非均衡管理是为了能更好地实现均衡发展，通过非均衡手段对资源进行优化分配，提高资源利用率，扩大资源的社会作用，满足更多社会群体的需求，最终实现社会的相对均衡发展。在社区体育资源的开发和利用方面，无论是沿海与内陆、市区与郊区，还是社区内不同群体之间，都在不同方面存在着差异。我们必须明确认识社区体育资源之间的差异是绝对存在的，且不以人的意志为转移。要想促进我国社区体育的实质性发展，就必须实事求是地接受这种差异，只有立足于社区体育资源非均衡发展的现状，具体问题具体分析，才能实现社区体育资源开发与利用的相对均衡。

（三）社会分层理论

分层一词源自地质学研究，是地质学家用来分析地质结构的专业术语，主要指地质构造的不同层面。后来，"分层"一词被社会学家广泛运用到社会学中，主要用来说明社会也存在差别和不平等，人与人之间、集团与集团之间、人与集团之间如同地质结构一样，也存在等级层次，并用社会分层理论来分析社会结构层次。众所周知，在现实生活中，不同个体和群体之间存在很大的差异，不仅包括性别、容貌、身材、年龄等自然差异，而且包括个体之间的社会差异，即社会地位方面的差异。这种差异造成了人们在资源占有、社会生活、价值观等诸多方面的不同。这种不平等化的社会差异一旦被制度化，就会形成社会分层。

社会分层是一种普遍的社会现象，主要是因为资源占有、社会生活、价值观等差异而形成的社会层次结构。社会之所以存在层次差异主要是因为群体间资源占有量的不同，不同的社会群体可以利用自己占有的某种资源（主要包括经济资源、政治资源、知识资源等），来提升其社会地位或社会价值。马克思（Karl Marx）认为，社会分层的基本标准是经济，其他一切分层根本上都是由经济因素造成的。马克思主义的社会分层理论认为，分层的依据是对社会生产资料的占有，因而先是阶级的产生，然后才有社会分层，即社会分层是一种阶级的分层。德国著名社会学家马克斯·韦伯（Max Weber）在分析人的社会地位的高低时，采用经济、社会和政治三种标准来进行社会分层研究，即根据人们的经济实力、社会地位和政治权利来划分社会层次。韦伯认为，经济、社会、政治三个标准之间有时是相互联系甚至是相互重叠的，但从理论上来看这三个标准之间是严格区分的，任何一个标准都可以独立地进行社会分层。总体来说，社会分层主要有以下四个特点：一是同一层次内的个体或群体在现实生活中具有大致相同的社会地位，在受教育程度、经济实力、政治权利、社会声望等方面都表现出一定的相似性；二是不同层次的个体或群体之间在纵向上存在着高低有序的等级差异；三是一种制度化的、较持久的社会不平等；四是现象与过程的统一，这是不断变化与发展的。

自改革开放以来，社会主义市场经济快速发展，社会层次在城市（区）中以社区的分层呈现，即城市（区）呈现出了不同层次的社区。这些社区在体育资源拥有量方面存在着很大的差异。体育资源拥有量的差异导致各社区体育发展状况千差万别，也造成了各社区体育资源管理模式上的不同。

（四）系统理论

系统是指相互作用的若干单元以某种结构形式联系在一起，共同发挥某种作用的整体。系统具有三个最基本的特征，即层次性、开放性和整体性。系统论是一门科学理论，人们公认该理论是由理论生物学家路德维希·冯·贝塔朗菲（Ludwig Von Bertalanffy）创立的。1932 年，贝塔朗菲发表《抗体系统论》，提出了系统论的思想。1937 年，贝塔朗菲提出了一般系统论原理，从此奠定了这门科学的理论基础。系统论主要研究各种系统的共同特征，并用数学方法对其功能进行定量描述，探索并最终确立适用于一切系统的原则、原理和数学模型，是具有逻辑和数学性质的科学。系统论是科学的认识论和世界观，其将世间万物都看成是整个系统的组成部分，横跨了物质世界和精神世界，整个世界实际上就是若干个系统的集合。同时，系统论也是方法论，它与物理、数学、化学等技术方法不同，它是从哲学的维度去思考整个世界，并且用不同的方法对子系统以及子系统之间的矛盾进行描述，找出更具现实意义的描述模型，因此系统论还具有很强的哲学意义。系统论的一般原理和基本原则主要有自组织性、整体性、开放性、复杂性、关联性、层次性等特征，这些也是所有系统的共同特征，反映了系统论在方法论层面上的意义。

结合本研究，社区体育资源非均衡管理实施条件评价体系作为一个十分复杂的系统，在其评价过程中必须遵循系统论的一般原理。在社区体育资源非均衡管理实施条件评价体系构建的过程中，研究者一定要意识到评价体系本身就是一个系统工程。在研究中，数个一级指标被作为社区体育资源非均衡管理实施条件评价体系的子系统，这数个子系统相互制约、相互补充，是整个评价体系必不可少的组成部分。数个子系统又分为若干个具体的构成单元，形成了系统内部复杂的关系。城市社区体育资源非均衡管理实施条件评价体系并不是单一指标在内容方面的简单相加，而是通过数学模型进一步加工的富有逻辑性的有机组合，是对社区体育资源非均衡管理模式复杂系统自组织性、整体性、时序性、层次性的整合。只有将整个评价体系组合在一起才能共同完成城市社区体育资源非均衡管理实施条件的评价功能，这是单一的某个指标或某个方面无法完成的。整个评价体系建立的过程不仅要充分考虑各项指标的内在逻辑性，还要注意各指标的对立与区别。

（五）共生理论

共生是一种普遍存在的生物现象。抽象地说，共生是共生单元之间在一定的共生环境中按某种共生模式形成的关系。生态共生理论视复杂的事物关系为系统性构成，基本包括共生环境、共生基质、共生界面和共生单元四个基本要素。

共生环境是指共生单元以外的所有因素的总和。社区体育资源的共生环境则指共生关系构建过程中在交通、制度、政策、文化等方面的环境要素的总和。有利的共生环境是社区体育资源共生关系构建的外在保障，对其共生关系的构建发挥着至关重要的作用。

共生基质是系统共生关系存在的必要条件。具体来看，对于社区而言，体育资源的共生基质是指各共生单元之间的互补资源，如体育人力资源、体育文化资源、体育硬件资源、体育财力资源，以及制度、组织、信息等相关体育软件信息资源。社区体育资源共生单元之间存在的资源互补性越强，就越利于共生关系的构建。

共生界面是指共生单元之间的接触方式和机制的总和。共生界面是共生单元之间物质、信息和能量传导的媒介、通道或载体，是共生关系形成和发展的基础，是决定共生系统效率和稳定性的核心要素。一般而言，共生界面具有信息传输功能、物质交流功能、能量传导功能和分工与合作的中介功能。在本研究的社区体育资源共生关系构建中，共生界面则指为实现体育资源共生关系构建的各种促进机构、协会或组织。

共生单元是指构成共生体或共生关系的基本能量生产和交换单位，是形成共生体的基本物质条件。在不同的共生体中，共生单元的性质和特征是不同的。在不同层次的共生分析中，共生单元的性质和特征表现也是不同的。本研究所指的共生单元是社区体育资源共生系统中存在的各共生主体，主要包括社区、企事业单位、各种体育协会组织和政府机构。

第二节　社区体育资源非均衡管理实施条件评价体系构建的原则与方法

一、社区体育资源非均衡管理实施条件评价体系构建的原则

社区体育资源非均衡管理实施条件评价体系不是简单的指标堆积，而是围绕所评价对象的特点，在科学理论的指导下进行的系统构建。在对社区体育资源非均衡管理实施条件相关指标进行处理的过程中，研究者遵循一定的设计原则，对指标进行筛选与确定。构建原则是整个社区体育资源评价体系的重要部分，对所构建的评价体系的质量具有保障作用。本研究基于社区体育资源的开发与利用特点，并且根据评价体系制定的目的，认为城市社区体育资源非均衡管理实施条件评价体系构建应该遵循下列原则。

（一）理论性原则

理论决定思想，思想决定意识和行动。只有坚持正确理论的指导，才不会在指标选取上陷入盲目和被动。所以，理论选择对于研究的方向性指引具有重要影响，研究者只有选择与本研究相关的理论，才能对社区体育资源管理的认识更加深刻和准确。因此，选择科学的理论指导是本研究的首要原则。

（二）科学性原则

构建社区体育资源非均衡管理实施条件评价体系应坚持正确的科学理论指导，要对指标的概念有一个准确的定义，确定各指标的权重系数或权重，严格按照选择和数据计算的科学理论进行构建。该体系是基于科学的分析而建立的，该体系反映社区体育资源的本质特征，准确衡量社区体育资源开发、利用的目标。社区体育资源的核心功能是服务于居民，开发和利用社区体育资源既要满足居民的体育需求，又要遵循体育资源发展的内在规律。所以，我们要科学地协调好这两者的关系，以促进社区体育的和谐发展。

（三）全面性原则

社区体育资源的管理是社会体育子系统的管理，居民健身活动、社区体育的

发展都会影响我国大众体育的发展。社区体育资源管理是包括居民的政治、经济、文化、生活等方方面面问题的系统工程。所以，评价指标的选取一定要做到全面性，研究者力争做到完整、客观、全面地挑选出各角度、各层次、各维度的指标，以拓宽社区体育资源管理研究的视野。

（四）独特性原则

不同社区在体育资源的拥有量上存在很大差异，社区体育资源的管理者应该根据社区自身的经济条件、地理位置、居民爱好、体育氛围等因素因地制宜地促进本社区体育资源的开发和利用。不同地域、不同层次的社区在体育资源的开发与利用方面都应该有所区别，真正做到科学合理地管理社区体育资源。

（五）动态性原则

社区体育资源的开发与管理是不断发生动态变化的。因此，要想反映社区体育资源的开发与利用的现状，必须建立起社区体育资源的开发与利用的监控机制，使社区体育资源开发与利用的各个环节都能够及时地反映体育资源的变化，以便决策层能够更好、更科学地做出判断与决定。而且随着时间的推移，社区体育资源非均衡管理实施条件评价体系需要不断地改进和完善，使其在新的时代背景下依然能够对社区体育资源管理发挥有效的评价作用。可见，构建社区体育资源非均衡管理实施条件评价体系是一个不断发展与完善的过程。

（六）可操作性原则

工作原理从本质上来说就是使用原则。科学研究要充分考虑信息和数据的来源，信息和数据要尽可能具有方便性和可比性，否则就会影响研究的科学性。社区体育资源管理是社区体育发展到一定阶段的必然要求，是对社区体育资源开发与利用的可行性手段。只有社区体育资源非均衡管理实施条件评价体系的指标符合社区体育发展的现状，才能对社区体育资源做出正确的评估。所以，只有选取具有典型性和代表性的指标，才能真正做到符合实际情况，对社区体育资源做出可操作性的评价。

二、社区体育资源非均衡管理实施条件评价体系构建的方法

社区体育资源非均衡管理实施条件评价体系的构建是一项复杂的系统工程，除了要遵循以上原则外，还要遵照一定的步骤，这样才能够保证评价指标的合理性与科学性。该体系的构建步骤：一是查阅文献资料获取相关信息，并调查了解社区居民对体育资源的需求状况，确定初始的评价指标；二是咨询专家，对评价指标进行完善；三是通过层次分析法（analytic hierarchy process，AHP）和数理统计法计算出各指标的权重；四是确定社区体育资源非均衡管理实施条件评价体系。

（一）文献资料法

首先，课题组大量查阅与社区体育资源评价相关的文献资料，走访社区体育资源丰富、社区体育开展较好的街道；其次，参考国内外构建社区体育资源评价体系的理论框架，从社区体育资源的构成要素出发，预选出符合社区体育资源评价体系构建原则的指标；最后，根据社区体育资源的构成要素及社区体育资源本身的特点，借鉴以往与社区体育资源评价标准相关的研究成果，构建出社区体育资源非均衡管理实施条件评价体系的框架。

（二）专家访谈法

为使社区体育资源非均衡管理实施条件评价体系更加合理化、系统化、科学化，在研究社区体育资源非均衡管理实施条件评价体系构建的过程中，课题组采用了社会科学研究中应用较为广泛的德尔菲法，在专家访谈、文献分析所获得信息的基础上，根据社区体育资源非均衡管理实施条件评价体系来设计调查问卷，遵循全面性、独特性、动态性、统筹协调等原则，充分考虑专家数量与实际操作难度之间的平衡，选出了体育资源管理、社区体育管理、体育核心期刊编辑等方面的专家、学者，以及长期从事社区体育资源管理、社区体育实践工作、分管社区体育工作的基层工作人员等共计 16 名专家进行问卷调查。课题组先以"背对背"的通信方式对专家的意见进行定量分析，再将统计的结果反馈给专家，专家根据反馈结果进行思考。经过两轮征询并综合专家意见后，课题组确立了评价体

系的各项指标。

（三）层次分析法

层次分析法是 20 世纪 70 年代美国著名运筹学家 T. L. 萨蒂（T. L. Saaty）提出的一种确定权重系数的有效方法。首先，运用层次分析法将社区体育资源非均衡管理实施条件评价体系的各项指标分为若干个一、二、三级指标层，并按照这些指标之间的权属关系组成层次结构；其次，根据层次结构建立相应的判断矩阵，请 16 名专家对判断矩阵进行相应打分，通过指标之间的相互比较确定层次中诸指标的重要性；最后，计算各指标的特征向量，确定评价体系中各级指标的权重系数。在 16 名专家形成的群决策意见中，具有正高级职称的 5 名专家各占群决策意见的 8%，共占 40%；5 名基层体育管理人员各占群决策意见的 6%，共占 30%；其余受访的 6 名副高级职称专家各占群决策意见的 5%，共占 30%。

第三章　社区体育资源自治型管理实施条件评价

　　自治型管理是通过居民广泛参与，共同为社区体育资源开发筹集资金、出谋划策，以保障自身体育权益实现的社区体育资源管理模式。自治型管理适用于经济条件较好的社区。这类社区因为具有雄厚的经济实力、浓厚的社区文化氛围和较高水平的体育资源配置，所以具备了体育资源发展的自主能力和条件。因此，为有效评价社区体育资源自治型管理实施条件，本研究基于体育资源构成要素和自治型发展理论，从社区体育财力资源、社区体育硬件资源、社区体育人力资源、社区体育文化资源及社区体育软件信息资源五个方面制定了相应的社区体育资源自治型管理实施条件评价体系。

第一节　社区体育资源自治型管理实施条件评价指标的确立与释义

一、社区体育资源自治型管理实施条件评价指标的确立

（一）经验预选评价指标

　　社区体育资源自治型管理实施条件评价体系从资源学的角度来评估社区体育

资源的配置，通过对现有的相关评价内容进行分析和筛选，选取适合社区体育资源自治型管理实施条件评价体系所需要的相关指标。在查阅相关资料、访谈专家学者和借鉴经验的基础上，课题组对社区体育资源自治型管理实施条件评价指标进行了经验性选择，初步形成了由 9 项一级指标、40 项二级指标和 143 项三级指标构成的社区体育资源自治型管理实施条件评价指标。社区体育资源自治型管理实施条件评价指标预选结果见表 3-1。

表 3-1　社区体育资源自治型管理实施条件评价指标预选结果

一级指标	二级指标	三级指标
A_1 社区体育财力资源	B_1 资金额度	C_1 原始体育财力值
		C_2 体育新增资金总额
		C_3 年均体育支出增长值
		C_4 体育管理维护资金值
		C_5 用人成本支出值
	B_2 资金支配类型	C_6 专项人力资源支出资金
		C_7 专项资源维护资金
		C_8 专项新资源引进资金
		C_9 专项经营管理资金
	B_3 资金筹集方式	C_{10} 政府出资
		C_{11} 社会资助
		C_{12} 社区自筹
		C_{13} 政社共出
		C_{14} 开发商出资
	B_4 财力制度	C_{15} 财政部门建设
		C_{16} 财政管理制度建设
		C_{17} 筹资制度建设
		C_{18} 财政监管制度建设
	B_5 财力支出情况	C_{19} 资金支出透明度
		C_{20} 资金支出合理性
		C_{21} 资金配置合理性

一级指标	二级指标	三级指标
A_2 社区体育场地设施资源	B_6 场地设施类型（室内外）	C_{22} 室外场地设施
		C_{23} 室内场地设施
		C_{24} 风雨场地设施
	B_7 场地设施质量	C_{25} 面积大小标准
		C_{26} 界限划定标准
		C_{27} 场地布局标准
		C_{28} 设施高低标准
		C_{29} 设施安装标准
	B_8 场地设施材质	C_{30} 土质场地（钢铁材料）
		C_{31} 水泥混凝土场地（木质材料）
		C_{32} 沥青混凝土场地
		C_{33} 塑胶合成场地（铁木混合、塑胶草皮）
		C_{34} 木地板场地
		C_{35} 真草场地
	B_9 场地设施规模	C_{36} 场地设施数量
		C_{37} 人均场地设施
	B_{10} 场地设施层次	C_{38} 基础场地设施齐全程度
		C_{39} 中档场地设施齐全程度
		C_{40} 高档场地设施拥有情况
	B_{11} 场地设施种类（多样性）	C_{41} 公共文化活动广场
		C_{42} 公共球类活动场地
		C_{43} 公共游泳场地
		C_{44} 公共健身活动设施
		C_{45} 商业健身场所

续表

一级指标	二级指标	三级指标
A_3 社区体育人力资源	B_{12} 社会体育指导员	C_{46} 社会体育指导员数量
		C_{47} 社会体育指导员业务能力
		C_{48} 社会体育指导员职能发挥
		C_{49} 社会体育指导员专职情况
		C_{50} 社会体育指导员职业信仰
		C_{51} 社会体育指导员学历结构
	B_{13} 场地设施维护人员	C_{52} 场地设施维护人员数量
		C_{53} 场地设施维护周期
		C_{54} 场地设施维护时效性
		C_{55} 场地设施维护人员学历层次
		C_{56} 场地设施维护人员专职情况
		C_{57} 场地设施维护人员业务能力
	B_{14} 体育管理人员	C_{58} 管理者业务能力
		C_{59} 管理者人数
		C_{60} 管理者专职情况
		C_{61} 管理者知识水平
	B_{15} 社区体育规划人员	C_{62} 体育发展规划制定
		C_{63} 规划执行力度和质量
A_4 社区体育资源利用	B_{16} 资源利用效率	C_{64} 资源使用人口数量
		C_{65} 资源使用人口群体类别
		C_{66} 资源使用时间
	B_{17} 资源服务人口数量	—
	B_{18} 资源开放时间	C_{67} 全天开放
		C_{68} 仅晨晚开放
		C_{69} 仅对内开放
	B_{19} 资源服务对象	C_{70} 服务是否对外
		C_{71} 服务群体类别

续表

一级指标	二级指标	三级指标
A₄ 社区体育资源利用	B₂₀ 资源经营情况	C_{72} 是否商业经营
		C_{73} 商业收费标准
		C_{74} 商业经营效益
A₅ 社区体育文化氛围	B₂₁ 居民体育参与	C_{75} 晨晚锻炼参与积极程度
		C_{76} 家庭体育开展水平
		C_{77} 经常性参与体育健身
		C_{78} 偶尔参与体育健身
		C_{79} 竞技性体育活动开展情况
		C_{80} 体育参与群体多样性
	B₂₂ 居民体育意识	C_{81} 居民参与体育活动自觉性
		C_{82} 宣传体育知识主动性
		C_{83} 学习体育知识积极性
		C_{84} 体育科学知识熟知程度
	B₂₃ 体育锻炼能力	C_{85} 体育锻炼方法科学性
		C_{86} 竞技性体育活动参与度
		C_{87} 娱乐性体育活动参与度
	B₂₄ 体育活动组织	C_{88} 经常组织体育活动
		C_{89} 偶尔组织体育活动
		C_{90} 规模竞技性体育活动组织
		C_{91} 偶尔组织竞技性体育活动
	B₂₅ 体育人口数量	C_{92} 直接体育人口
		C_{93} 间接体育人口
		C_{94} 终身体育人口
		C_{95} 主动体育人口
	B₂₆ 社区体育对外交流	C_{96} 社区与社区体育交流
		C_{97} 社区与学校体育交流
		C_{98} 社区与企业、组织体育交流

一级指标	二级指标	三级指标
A_5 社区体育文化氛围	B_{27} 社区体育文化宣传	C_{99} 体育文化宣传面向群体
		C_{100} 体育文化宣传频率
		C_{101} 体育文化宣传方式
A_6 社区体育组织资源类别	B_{28} 体育俱乐部	C_{102} 体育俱乐部规模
		C_{103} 体育俱乐部经营效益
		C_{104} 体育俱乐部数量
		C_{105} 居民对体育俱乐部的接受程度
	B_{29} 体育协会	C_{106} 体育协会便利性
		C_{107} 体育协会数量
		C_{108} 体育协会职能发挥情况
	B_{30} 社区居委会	C_{109} 体育管理职能履行情况
		C_{110} 管理社区体育的职责态度
		C_{111} 对社区体育的重视程度
		C_{112} 鼓励居民参与体育制度建设
		C_{113} 体育专门职能部门设置
A_7 周围体育资源拥有条件	B_{31} 大中型公共体育场地设施	C_{114} 大中型体育场地设施数量
		C_{115} 大中型体育场地设施种类
		C_{116} 大中型体育场地设施距离
	B_{32} 商业性体育健身会所	C_{117} 商业性体育健身会所种类
		C_{118} 商业性体育健身会所数量
		C_{119} 商业性体育健身会所距离
	B_{33} 邻近社区体育资源	C_{120} 邻近社区体育设施资源规模
		C_{121} 邻近社区体育设施资源类型
		C_{122} 邻近社区体育设施资源开放程度
		C_{123} 邻近社区体育设施资源质量
A_8 社区体育资源服务环境	B_{34} 场地配套设施	C_{124} 附属健身（娱乐）设施
		C_{125} 附属照明设施
		C_{126} 附属服务设施

续表

一级指标	二级指标	三级指标
A_8 社区体育资源服务环境	B_{35} 场地设施卫生条件	C_{127} 定时保洁情况
		C_{128} 场地设施保洁频率
	B_{36} 场地设施管理机构	C_{129} 机构设置情况
		C_{130} 职责履行情况
		C_{131} 管理模式探索情况
		C_{132} 商业经营情况
		C_{133} 管理制度制定情况
	B_{37} 场地交通情况	C_{134} 交通便捷度
		C_{135} 道路使用情况
		C_{136} 停车位设置
A_9 社区体育信息资源	B_{38} 体育书籍	C_{137} 体育书籍种类
		C_{138} 体育书籍数量
	B_{39} 体育网络信息数据库	C_{139} 资源数据库类型
		C_{140} 数据库覆盖面
	B_{40} 体育信息获得平台	C_{141} 体育信息资源平台建设情况
		C_{142} 体育信息发布及时性
		C_{143} 体育信息获得便捷性

（二）专家筛选与分析评价指标

1. 一级指标的调查结果与分析

初步建立的社区体育资源自治型管理实施条件评价体系主要包括社区体育财力资源、社区体育场地设施资源、社区体育人力资源、社区体育资源利用、社区体育文化氛围、社区体育组织资源类别、周围体育资源拥有条件、社区体育资源服务环境和社区体育信息资源 9 项一级指标。这 9 项指标基本得到了专家的认可，但考虑到指标的实际操作性，需要对一些指标进行调整。社区体育资源自治型管理实施条件评价一级指标专家调查结果（第一轮）见表 3-2。

表 3-2　社区体育资源自治型管理实施条件评价一级指标专家调查结果（第一轮）

序号	名称	认同率
A_1	社区体育财力资源	100%
A_2	社区体育场地设施资源	100%
A_3	社区体育人力资源	100%
A_4	社区体育资源利用	31.2%
A_5	社区体育文化氛围	100%
A_6	社区体育组织资源类别	37.5%
A_7	周围体育资源拥有条件	25.0%
A_8	社区体育资源服务环境	37.5%
A_9	社区体育信息资源	100%

针对经验预选的一级指标，专家认为各指标之间存在重叠的问题，应当整合重叠指标，简化一级指标。具体意见如下：

（1）75%的专家认为，社区体育场地设施资源和周围体育资源拥有条件两项指标实质都是指社区体育物力资源，应当将两者合并，统一为社区体育硬件资源；

（2）62.5%的专家认为，社区体育资源服务环境的评价内容实质上可以分别归属于社区体育硬件资源和社区体育软件信息资源两项指标；

（3）68.8%的专家认为，社区体育资源利用和社区体育文化氛围应该同属于社区体育文化资源，考查社区体育文化资源的情况是实施社区体育资源自治型管理模式的必要条件，因此应增加社区体育文化资源为一级指标；

（4）62.5%的专家认为，社区体育信息资源、社区体育组织资源类别实际上都是促进社区体育发展的软件资源，因此应将其合并为社区体育软件信息资源。

综合专家意见，考虑到实施社区体育资源自治型管理模式所需具备的客观条件，课题组对9项一级指标进行了调整与组合，最终确定了5项一级指标，相应指标在第二轮专家调查中得到了高度认可。社区体育资源自治型管理实施条件评价一级指标专家调查结果（第二轮）见表3-3。

表3-3　社区体育资源自治型管理实施条件评价一级指标专家调查结果（第二轮）

序号	名称	认同率
A_1	社区体育财力资源	100%
A_2	社区体育硬件资源	100%
A_3	社区体育人力资源	100%
A_4	社区体育文化资源	100%
A_5	社区体育软件信息资源	100%

2. 二级指标的调查结果与分析

课题组通过文献查找和逻辑分析，初步经验预选出社区体育资源自治型管理实施条件评价的40项二级指标，具体为资金额度、资金支配类型、资金筹集方式、财力制度、财力支出情况、场地设施类型（室内外）、场地设施质量、场地设施材质、场地设施规模、场地设施层次、场地设施种类（多样性）、社会体育指导员、场地设施维护人员、体育管理人员、社区体育规划人员、资源利用效率、资源服务人口数量、资源开放时间、资源服务对象、资源经营情况、居民体育参与、居民体育意识、体育锻炼能力、体育活动组织、体育人口数量、社区体育对外交流、社区体育文化宣传、体育俱乐部、体育协会、社区居委会、大中型公共体育场地设施、商业性体育健身会所、邻近社区体育资源、场地配套设施、场地设施卫生条件、场地设施管理机构、场地交通情况、体育书籍、体育网络信息数据库、体育信息获得平台。课题组对其合理性进行专家问卷咨询，社区体育资源自治型管理实施条件评价二级指标专家调查结果（第一轮）见表3-4。

表3-4　社区体育资源自治型管理实施条件评价二级指标专家调查结果（第一轮）

序号	名称	认同率
B_1	资金额度	100%
B_2	资金支配类型	100%
B_3	资金筹集方式	100%

序号	名称	认同率
B_4	财力制度	43.8%
B_5	财力支出情况	50%
B_6	场地设施类型（室内外）	100%
B_7	场地设施质量	100%
B_8	场地设施材质	0
B_9	场地设施规模	100%
B_{10}	场地设施层次	100%
B_{11}	场地设施种类（多样性）	12.5%
B_{12}	社会体育指导员	100%
B_{13}	场地设施维护人员	100%
B_{14}	体育管理人员	100%
B_{15}	社区体育规划人员	100%
B_{16}	资源利用效率	100%
B_{17}	资源服务人口数量	100%
B_{18}	资源开放时间	62.5%
B_{19}	资源服务对象	0
B_{20}	资源经营情况	0
B_{21}	居民体育参与	100%
B_{22}	居民体育意识	100%
B_{23}	体育锻炼能力	0
B_{24}	体育活动组织	100%
B_{25}	体育人口数量	25%
B_{26}	社区体育对外交流	100%
B_{27}	社区体育文化宣传	100%
B_{28}	体育俱乐部	18.8%
B_{29}	体育协会	18.8%
B_{30}	社区居委会	18.8%
B_{31}	大中型公共体育场地设施	37.5%

续表

序号	名称	认同率
B_{32}	商业性体育健身会所	37.5%
B_{33}	邻近社区体育资源	37.5%
B_{34}	场地配套设施	37.5%
B_{35}	场地设施卫生条件	18.8%
B_{36}	场地设施管理机构	18.8%
B_{37}	场地交通情况	18.8%
B_{38}	体育书籍	0
B_{39}	体育网络信息数据库	87.5%
B_{40}	体育信息获得平台	87.5%

课题组通过对专家的问卷调查发现（表3-4），经验预选的二级指标中的场地设施材质、资源服务对象、资源经营情况、体育锻炼能力及体育书籍5项指标被专家完全否定，占总指标数的12.5%。另外，二级指标中的财力制度、财力支出情况、场地设施种类（多样性）、资源开放时间、体育人口数量、体育俱乐部、体育协会、社区居委会、大中型公共体育场地设施、商业性体育健身会所、邻近社区体育资源、场地配套设施、场地设施卫生条件、场地设施管理机构、场地交通情况、体育网络信息数据库、体育信息获得平台17项指标由于一级指标的调整，内容存在重叠的问题，所以多数专家都建议进行调整或合并，其占总指标数的42.5%。

具体意见和调整情况如下。

（1）所有专家都对资金额度、资金支配类型、资金筹集方式、财力制度和财力支出情况5项指标的社区体育财力资源权属持肯定意见。其中，有8名专家认为应该将财力支出情况与资金支配类型进行合并，原因是这2项指标存在重叠的问题；另外，有9名专家认为将财力制度归入社区体育制度更为合理。

（2）关于社区体育场地设施资源，16名专家都认为场地设施材质应该作为其质量评价的重要内容，因此建议将其合并于场地设施质量指标之内。同时，有

14 名专家认为场地设施类型（室内外）和场地设施种类（多样性）2 项指标所指内容并无实质区别，因此建议将二者合并为体育场地设施类型 1 项指标。另外，有 9 名专家建议增加社区体育场地设施环境指标，原因是环境是影响社区居民体育行为的重要因素，社区体育场地设施环境应该作为社区体育资源自治型管理实施条件的重要评价指标。

（3）关于社区体育人力资源，16 名专家都对指标设定持肯定意见。但基于事实情况，有 7 名专家建议将场地设施维护人员、体育管理人员和社区体育规划人员 3 项指标合并为体育管理人员 1 项指标。理由是在实际情况中，场地设施维护人员和社区体育规划人员实际上并未如此细分，多数都统归为体育管理人员。因此，考虑到指标的可操作性和社区体育人力资源的实际设置情况，专家建议将其合并。

（4）关于社区体育资源利用，专家们基本认为资源服务人口数量、资源开放时间、资源服务对象和资源经营情况 4 项指标实际上都是衡量社区体育资源实际的服务效率的，就是社区体育文化氛围的直接表现。另外，这 4 项指标的实际测量存在较大难度，因此，建议将其合并为体育资源利用效率 1 项指标，同时将其纳入社区体育文化资源的计量范畴。

（5）关于社区体育文化氛围，专家们对居民体育意识和体育活动组织 2 项指标一致持肯定态度。但 16 名专家基本都认为应去掉体育锻炼能力指标，因为该指标不属于社区体育文化氛围的范畴。有 8 名专家建议将体育人口数量作为评价居民体育参与的指标。另外，专家们虽对社区体育对外交流和社区体育文化宣传 2 项指标持肯定意见，但考虑到评价指标的简洁性，有 11 名专家建议将这 2 项指标合并为体育文化交流与宣传 1 项指标。

（6）根据一级指标的调整，专家们基本都建议将体育俱乐部、体育协会、社区居委会 3 项指标合并成社区体育组织 1 项指标，将体育书籍、体育网络信息数据库、体育信息获得平台 3 项指标合并成社区体育网络信息服务 1 项指标，同时补充社区体育制度 1 项指标，组成由社区体育组织、社区体育制度和社区体育网络信息服务 3 项二级指标构成的社区体育软件信息资源这项一级指标。将场地配套设施、场地设施卫生条件、场地设施管理机构、场地交通情况 4 项指标整合成场地设施环境 1 项指标，并将其纳入社区体育硬件资源这项一级指标。专家认为，大中型公共体育场地设施、商业性体育健身会所、邻近社区体育资源 3 项指标实质上是对社区体育硬件资源的衡量，因此可将其合并到社区体育硬件资源这项一级指标之中。

在综合专家意见的基础上，课题组结合社区体育资源自治型管理的实际实施条件，对部分二级指标进行了相应的调整和完善，并对其展开了第二轮专家问卷调查，最终确定了社区体育资源自治型管理实施条件评价的 18 项二级指标。社区体育资源自治型管理实施条件评价二级指标专家调查结果（第二轮）见表 3-5。

表 3-5　社区体育资源自治型管理实施条件评价二级指标专家调查结果（第二轮）

序号	名称	认同率
B_1	体育资金额度	100%
B_2	体育资金支配	100%
B_3	体育资金来源	100%
B_4	场地设施类型	100%
B_5	场地设施质量	100%
B_6	场地设施规模	100%
B_7	场地设施层次	100%
B_8	场地设施环境	100%
B_9	社会体育指导员	100%
B_{10}	体育管理人员	100%
B_{11}	体育资源利用效率	100%
B_{12}	居民体育意识	100%
B_{13}	居民体育参与	100%
B_{14}	体育活动组织	100%
B_{15}	体育文化交流与宣传	100%
B_{16}	社区体育组织	100%
B_{17}	社区体育制度	100%
B_{18}	社区体育网络信息服务	100%

3. 三级指标的调查结果与分析

课题组通过对 16 名专家进行问卷调查，对社区体育资源自治型管理实施条件评价的 143 项三级预选指标进行意见咨询。其具体意见如下。

（1）社区体育资金额度的计量可以直接分为原始体育财力值和年均体育资金增长值 2 项指标。这是由于体育新增资金总额、年均体育支出增长值、体育管理维护资金值及用人成本支出值都可以通过年均体育资金增长值进行衡量，且这 4 项指标不但在实际运用中难以具体考查，而且还存在一定的重叠。所以，考虑到实践性和可操作性，多数专家建议，将其分为原始体育财力值和年均体育资金增长值 2 项三级指标，也能够有效地评价社区体育财力资源情况。

（2）关于体育资金支配，多数专家建议将社区体育资金的支出直接分为人力资源、物力资源和软件资源三个方面。因为社区体育专项资源维护资金属于社区体育硬件资源建设资金部分，而专项新资源引进资金又可分为人力、物力及软件等资源的资金支出，专项经营管理资金也是这三方面资金支出的主要构成内容，所以，为使评价标准清晰和不重叠，体育资金支配可直接分为人力资源支出资金、物力资源支出资金和软件资源支出资金三部分内容。

（3）关于社区体育资金的来源，专家一致认为指标设置合理。但课题组考虑到开发商出资的实质就是市场出资，且除各主体单独出资之外，现实中有很多社区体育资源都是由政府、社区、市场、社会、企业等多元主体共同出资建设的，该条件的具备有利于社区体育资源实行自治型管理，所以最终将其指标调整为政府出资、市场出资、社会出资、多元主体共同出资四部分内容。

（4）关于社区体育的财力制度和财力支出情况，多数专家认为不属于社区体育财力资源的构成内容，应该属于社区体育制度。所以根据专家意见，课题组将财政部门建设、财政管理制度建设、筹资制度建设、财政监管制度建设、资金支出透明度、资金支出合理性、资金配置合理性 7 项指标整合到社区体育软件信息资源的财政扶持制度之中。

（5）关于场地设施质量的衡量，专家一致建议将土质场地（钢铁材料）、水泥混凝土场地（木质材料）、沥青混凝土场地 3 项指标合并为场地设施材质标准，并添加至场地设施质量的评价指标之中。

（6）关于场地设施种类（多样性）的公共文化活动广场、公共球类活动场地、公共游泳场地、公共健身活动设施、商业健身场所等三级指标，有 8 名专家认为与场地设施类型指标并无实质不同，实际评价时可将其纳入场地设施类型指标之中。

（7）关于社会体育指导员数量、社会体育指导员业务能力、社会体育指导员职能发挥、社会体育指导员专职情况、社会体育指导员职业信仰和社会体育指导员学历结构等三级指标，多数专家认为指标设置过于复杂，社会体育指导员的学历结构可整合至社会体育指导员业务能力 1 项指标之中，而社会体育指导员职业信仰指标可与社会体育指导员职能发挥指标进行合并。

（8）关于场地设施维护人员数量、场地设施维护周期、场地设施维护时效性、场地设施维护人员学历层次、场地设施维护人员专职情况、场地设施维护人员业务能力、管理者业务能力、管理者人数、管理者专职情况、管理者知识水平、体育发展规划制定、规划执行力度和质量等三级指标，多数专家也提出了精简指标的建议。专家认为这些指标无论是针对体育规划人员还是针对场地设施维护人员，其实质都是评价社区体育管理人员的内容，只需要针对社区体育管理人员进行评价。根据专家意见，课题组最终确定了管理者人数、管理者业务能力、管理者职责履行、管理者专职情况 4 项指标为评价体育管理人员的三级指标。

（9）关于资源使用人口数量、资源使用人口群体类别、资源使用时间、全天开放、仅晨晚开放、仅对内开放、服务是否对外、服务群体类别、是否商业经营、商业收费标准、商业经营效益等评价社区体育资源利用情况的三级指标，指标设置虽然细致，但作为社区体育资源评价的内容，其可操作性并不强，实际上很多指标不易测量。对此，多数专家建议直接将其分为居民使用效率和产业经营效率 2 项三级指标进行评价，这也正好对应社区体育资源利用指标的效率评价宗旨。另外，75% 的专家认为，该部分应属于社区体育文化资源评价的内容，因此将其整合为社区体育文化资源的评价指标。

（10）多数专家认为，晨晚锻炼参与积极程度，家庭体育开展水平，经常性参与体育健身，偶尔参与体育健身，竞技性体育活动开展情况，体育参与群体多样性，居民参与体育活动自觉性，宣传体育知识主动性，学习体育知识积极性，体育科学知识熟知程度，体育锻炼方法科学性，竞技性体育活动参与度，娱乐性体育活动参与度，经常组织体育活动，偶尔组织体育活动，规模竞技性体育活动组织，偶尔组织竞技性体育活动，直接体育人口，间接体育人口，终身体育人口，主动体育人口，社区与社区体育交流，社区与学校体育交流，社区与企业、组织体育交流，体育文化宣传面向群体，体育文化宣传频率，体育文化宣传方式等三级指标用于评价社区体育文化氛围时，存在指标过于复杂、不易操作等问题。对此，课题组结合专家意见，将其整合为体育参与认知、体育知识认知、参与群体广度、体育人口规模、体育参与积极性、组织活动类别、组织活动次数、组织活动频次、影响群体范围、交流与宣传频次、交流与宣传方式 11 项三级指标，用于评价社区体育文化资源。

（11）关于体育俱乐部规模、体育俱乐部经营效益、体育俱乐部数量、居民对体育俱乐部的接受程度、体育协会便利性、体育协会数量、体育协会职能发挥情况、体育管理职能履行情况、管理社区体育的职责态度、对社区体育的重视程度、鼓励居民参与体育制度建设、体育专门职能部门设置、体育书籍种类、体育书籍数量、资源数据库类型、数据库覆盖面、体育信息资源平台建设情况、体育信息发布及时性、体育信息获得便捷性等三级指标，多数专家认为指标存在不健全的问题，建议补充社区体育制度资源方面的评价指标。同时，多数专家提出了对原有指标进行简化和整合的建议。课题组结合专家意见，最终确定了协会组织数量、协会组织性质、协会组织功能、规划发展制度、管理监督制度、财政扶持制度、绩效评价制度、体育网络建设、体育信息共享、网络信息质量 10 项三级指标作为社区体育软件信息资源的评价指标。

（12）关于商业性体育健身会所种类、商业性体育健身会所数量、商业性体育健身会所距离、邻近社区体育设施资源规模、邻近社区体育设施资源类型、邻近社区体育设施资源开放程度、邻近社区体育设施资源质量、附属健身（娱乐）设施、附属照明设施、附属服务设施、定时保洁情况、场地设施保洁频率、机构设置情况、职责履行情况、管理模式探索情况、商业经营情况、管理制度制定情况、交通便捷度、道路使用情况、停车位设置等衡量周围体育资源拥有条件和社区体育资源服务环境的三级指标，有专家认为与社区体育资源硬件资源的指标存在重叠。基于此，课题组结合评价指标的可操作性和专家意见对该部分指标进行了调整，最终将其融合为社区体育硬件资源的评价内容。

总体上，专家认为部分指标存在重叠、过于庞杂和可操作性不强等问题。社区体育资源自治型管理实施条件评价三级指标专家调查结果（第一轮）见表3-6。

表3-6　社区体育资源自治型管理实施条件评价三级指标专家调查结果（第一轮）

序号	名称	认同率
C_1	原始体育财力值	100%
C_2	体育新增资金总额	93.8%
C_3	年均体育支出增长值	93.8%
C_4	体育管理维护资金值	87.5%
C_5	用人成本支出值	87.5%
C_6	专项人力资源支出资金	100%
C_7	专项资源维护资金	93.8%
C_8	专项新资源引进资金	93.8%
C_9	专项经营管理资金	93.8%
C_{10}	政府出资	100%
C_{11}	社会资助	100%
C_{12}	社区自筹	100%
C_{13}	政社共出	100%
C_{14}	开发商出资	100%
C_{15}	财政部门建设	37.5%
C_{16}	财政管理制度建设	37.5%
C_{17}	筹资制度建设	37.5%
C_{18}	财政监管制度建设	37.5%
C_{19}	资金支出透明度	18.8%
C_{20}	资金支出合理性	18.8%

续表

序号	名称	认同率
C_{21}	资金配置合理性	18.8%
C_{22}	室外场地设施	100%
C_{23}	室内场地设施	100%
C_{24}	风雨场地设施	100%
C_{25}	面积大小标准	100%
C_{26}	界限划定标准	100%
C_{27}	场地布局标准	100%
C_{28}	设施高低标准	100%
C_{29}	设施安装标准	100%
C_{30}	土质场地（钢铁材料）	0
C_{31}	水泥混凝土场地（木质材料）	0
C_{32}	沥青混凝土场地	0
C_{33}	塑胶合成场地（铁木混合、塑胶草皮）	0
C_{34}	木地板场地	0
C_{35}	真草场地	0
C_{36}	场地设施数量	100%
C_{37}	人均场地设施	100%
C_{38}	基础场地设施齐全程度	100%
C_{39}	中档场地设施齐全程度	100%
C_{40}	高档场地设施拥有情况	100%
C_{41}	公共文化活动广场	50%
C_{42}	公共球类活动场地	50%
C_{43}	公共游泳场地	50%
C_{44}	公共健身活动设施	50%
C_{45}	商业健身场所	50%
C_{46}	社会体育指导员数量	100%
C_{47}	社会体育指导员业务能力	100%
C_{48}	社会体育指导员职能发挥	56.3%

续表

序号	名称	认同率
C_{49}	社会体育指导员专职情况	100%
C_{50}	社会体育指导员职业信仰	56.3%
C_{51}	社会体育指导员学历结构	25%
C_{52}	场地设施维护人员数量	93.8%
C_{53}	场地设施维护周期	93.8%
C_{54}	场地设施维护时效性	87.5%
C_{55}	场地设施维护人员学历层次	87.5%
C_{56}	场地设施维护人员专职情况	43.8%
C_{57}	场地设施维护人员业务能力	43.8%
C_{58}	管理者业务能力	43.8%
C_{59}	管理者人数	43.8%
C_{60}	管理者专职情况	100%
C_{61}	管理者知识水平	25%
C_{62}	体育发展规划制定	43.8%
C_{63}	规划执行力度和质量	43.8%
C_{64}	资源使用人口数量	100%
C_{65}	资源使用人口群体类别	100%
C_{66}	资源使用时间	100%
C_{67}	全天开放	75%
C_{68}	仅晨晚开放	75%
C_{69}	仅对内开放	75%
C_{70}	服务是否对外	75%
C_{71}	服务群体类别	75%
C_{72}	是否商业经营	75%
C_{73}	商业收费标准	81.3%
C_{74}	商业经营效益	75%
C_{75}	晨晚锻炼参与积极程度	81.3%
C_{76}	家庭体育开展水平	81.3%

序号	名称	认同率
C_{77}	经常性参与体育健身	81.3%
C_{78}	偶尔参与体育健身	75%
C_{79}	竞技性体育活动开展情况	43.8%
C_{80}	体育参与群体多样性	75%
C_{81}	居民参与体育活动自觉性	100%
C_{82}	宣传体育知识主动性	43.8%
C_{83}	学习体育知识积极性	43.8%
C_{84}	体育科学知识熟知程度	75%
C_{85}	体育锻炼方法科学性	75%
C_{86}	竞技性体育活动参与度	43.8%
C_{87}	娱乐性体育活动参与度	43.8%
C_{88}	经常组织体育活动	81.3%
C_{89}	偶尔组织体育活动	43.8%
C_{90}	规模竞技性体育活动组织	81.3%
C_{91}	偶尔组织竞技性体育活动	43.8%
C_{92}	直接体育人口	31.3%
C_{93}	间接体育人口	31.3%
C_{94}	终身体育人口	31.3%
C_{95}	主动体育人口	31.3%
C_{96}	社区与社区体育交流	75%
C_{97}	社区与学校体育交流	75%
C_{98}	社区与企业、组织体育交流	75%
C_{99}	体育文化宣传面向群体	75%
C_{100}	体育文化宣传频率	81.3%
C_{101}	体育文化宣传方式	43.8%
C_{102}	体育俱乐部规模	100%
C_{103}	体育俱乐部经营效益	43.8%
C_{104}	体育俱乐部数量	43.8%

序号	名称	认同率
C_{105}	居民对体育俱乐部的接受程度	75%
C_{106}	体育协会便利性	81.3%
C_{107}	体育协会数量	100%
C_{108}	体育协会职能发挥情况	100%
C_{109}	体育管理职能履行情况	100%
C_{110}	管理社区体育的职责态度	81.3%
C_{111}	对社区体育的重视程度	81.3%
C_{112}	鼓励居民参与体育制度建设	81.3%
C_{113}	体育专门职能部门设置	75%
C_{114}	大中型体育场地设施数量	37.5%
C_{115}	大中型体育场地设施种类	37.5%
C_{116}	大中型体育场地设施距离	37.5%
C_{117}	商业性体育健身会所种类	37.5%
C_{118}	商业性体育健身会所数量	37.5%
C_{119}	商业性体育健身会所距离	37.5%
C_{120}	邻近社区体育设施资源规模	37.5%
C_{121}	邻近社区体育设施资源类型	75%
C_{122}	邻近社区体育设施资源开放程度	100%
C_{123}	邻近社区体育设施资源质量	43.8%
C_{124}	附属健身（娱乐）设施	75%
C_{125}	附属照明设施	75%
C_{126}	附属服务设施	43.8%
C_{127}	定时保洁情况	25%
C_{128}	场地设施保洁频率	25%
C_{129}	机构设置情况	25%
C_{130}	职责履行情况	25%
C_{131}	管理模式探索情况	43.8%
C_{132}	商业经营情况	25%

序号	名称	认同率
C_{133}	管理制度制定情况	43.8%
C_{134}	交通便捷度	25%
C_{135}	道路使用情况	25%
C_{136}	停车位设置	12.5%
C_{137}	体育书籍种类	0
C_{138}	体育书籍数量	0
C_{139}	资源数据库类型	12.5%
C_{140}	数据库覆盖面	12.5%
C_{141}	体育信息资源平台建设情况	81.3%
C_{142}	体育信息发布及时性	75%
C_{143}	体育信息获得便捷性	100%

基于上述专家意见，课题组最终将 143 项三级指标调整至 57 项，调整后的三级指标在第二轮专家意见咨询中得到了高度认可，有效地解决了原始指标相互重叠、遗漏、庞杂等问题。社区体育资源自治型管理实施条件评价三级指标专家调查结果（第二轮）见表 3-7。

表 3-7 社区体育资源自治型管理实施条件评价三级指标专家调查结果（第二轮）

序号	名称	认同率
C_1	原始体育财力值	100%
C_2	年均体育资金增长值	100%
C_3	人力资源支出资金	100%
C_4	物力资源支出资金	100%
C_5	软件资源支出资金	100%
C_6	政府出资	100%
C_7	市场出资	100%
C_8	社会出资	100%
C_9	多元主体共同出资	100%

续表

序号	名称	认同率
C_{10}	室外场地设施	100%
C_{11}	室内场地设施	100%
C_{12}	风雨场地设施	100%
C_{13}	体育场地面积标准	100%
C_{14}	体育场地界限划定标准	100%
C_{15}	场地设施布局标准	100%
C_{16}	场地设施高低标准	100%
C_{17}	场地设施安装标准	100%
C_{18}	场地设施材质标准	100%
C_{19}	场地设施数量	100%
C_{20}	人均场地设施（面积和数量）	100%
C_{21}	基础场地设施	100%
C_{22}	中档场地设施	100%
C_{23}	高档场地设施	100%
C_{24}	服务环境情况	100%
C_{25}	卫生环境情况	100%
C_{26}	配套设施情况	100%
C_{27}	社会体育指导员人数	100%
C_{28}	社会体育指导员业务能力	100%
C_{29}	社会体育指导员专职情况	100%
C_{30}	社会体育指导员职责履行	100%
C_{31}	管理者人数	100%
C_{32}	管理者业务能力	100%
C_{33}	管理者职责履行	100%
C_{34}	管理者专职情况	100%
C_{35}	居民使用效率	100%
C_{36}	产业经营效率	100%
C_{37}	体育参与认知	100%

序号	名称	认同率
C_{38}	体育知识认知	100%
C_{39}	参与群体广度	100%
C_{40}	体育人口规模	100%
C_{41}	体育参与积极性	100%
C_{42}	组织活动类别	100%
C_{43}	组织活动次数	100%
C_{44}	组织活动频次	100%
C_{45}	影响群体范围	100%
C_{46}	交流与宣传频次	100%
C_{47}	交流与宣传方式	100%
C_{48}	协会组织数量	100%
C_{49}	协会组织性质	100%
C_{50}	协会组织功能	100%
C_{51}	规划发展制度	100%
C_{52}	管理监督制度	100%
C_{53}	财政扶持制度	100%
C_{54}	绩效评价制度	100%
C_{55}	体育网络建设	100%
C_{56}	体育信息共享	100%
C_{57}	网络信息质量	100%

二、社区体育资源自治型管理实施条件评价指标的构成与释义

（一）社区体育资源自治型管理实施条件评价指标的构成

为了科学、系统地认识和了解社区体育资源分布状况，以便选出适合实施体育资源自治型管理的社区，课题组在遵循指标选取原则和指标筛选方法的基础上，充分结合社区体育资源自治型管理的基本条件和特点，最终构建出社区体育资源自治型管理实施条件评价体系。该体系共有4个层次，分别为总目标层

（S）、一级指标层（A）、二级指标层（B）和三级指标层（C）。其中，总目标层（S）、一级指标层（A）、二级指标层（B）内各子因子的总和构成了社区体育资源自治型管理实施条件评价体系。

社区体育资源自治型管理实施条件评价体系的构成要素见表3-8。

表3-8　社区体育资源自治型管理实施条件评价体系的构成要素

总目标层(S)	一级指标层（A）	二级指标层（B）	三级指标层（C）
社区体育资源自治型管理实施条件评价	A_1 社区体育财力资源	B_1 体育资金额度	C_1 原始体育财力值
			C_2 年均体育资金增长值
		B_2 体育资金支配	C_3 人力资源支出资金
			C_4 物力资源支出资金
			C_5 软件资源支出资金
		B_3 体育资金来源	C_6 政府出资
			C_7 市场出资
			C_8 社会出资
			C_9 多元主体共同出资
	A_2 社区体育硬件资源	B_4 场地设施类型	C_{10} 室外场地设施
			C_{11} 室内场地设施
			C_{12} 风雨场地设施
		B_5 场地设施质量	C_{13} 体育场地面积标准
			C_{14} 体育场地界限划定标准
			C_{15} 场地设施布局标准
			C_{16} 场地设施高低标准
			C_{17} 场地设施安装标准
			C_{18} 场地设施材质标准
		B_6 场地设施规模	C_{19} 场地设施数量
			C_{20} 人均场地设施（面积和数量）
		B_7 场地设施层次	C_{21} 基础场地设施
			C_{22} 中档场地设施
			C_{23} 高档场地设施

总目标层(S)	一级指标层（A）	二级指标层（B）	三级指标层（C）
社区体育资源自治型管理实施条件评价	A_2 社区体育硬件资源	B_8 场地设施环境	C_{24} 服务环境情况
			C_{25} 卫生环境情况
			C_{26} 配套设施情况
	A_3 社区体育人力资源	B_9 社会体育指导员	C_{27} 社会体育指导员人数
			C_{28} 社会体育指导员业务能力
			C_{29} 社会体育指导员专职情况
			C_{30} 社会体育指导员职责履行
		B_{10} 体育管理人员	C_{31} 管理者人数
			C_{32} 管理者业务能力
			C_{33} 管理者职责履行
			C_{34} 管理者专职情况
	A_4 社区体育文化资源	B_{11} 体育资源利用效率	C_{35} 居民使用效率
			C_{36} 产业经营效率
		B_{12} 居民体育意识	C_{37} 体育参与认知
			C_{38} 体育知识认知
		B_{13} 居民体育参与	C_{39} 参与群体广度
			C_{40} 体育人口规模
			C_{41} 体育参与积极性
		B_{14} 体育活动组织	C_{42} 组织活动类别
			C_{43} 组织活动次数
			C_{44} 组织活动频次
			C_{45} 影响群体范围
		B_{15} 体育文化交流与宣传	C_{46} 交流与宣传频次
			C_{47} 交流与宣传方式
	A_5 社区体育软件信息资源	B_{16} 社区体育组织	C_{48} 协会组织数量
			C_{49} 协会组织性质
			C_{50} 协会组织功能

续表

总目标层（S）	一级指标层（A）	二级指标层（B）	三级指标层（C）
社区体育资源自治型管理实施条件评价	A_5 社区体育软件信息资源	B_{17} 社区体育制度	C_{51} 规划发展制度
			C_{52} 管理监督制度
			C_{53} 财政扶持制度
			C_{54} 绩效评价制度
		B_{18} 社区体育网络信息服务	C_{55} 体育网络建设
			C_{56} 体育信息共享
			C_{57} 网络信息质量

1. 总目标层（S）

总目标层（S）体现社区体育资源自治型管理实施条件评价的总目标，即衡量社区体育资源的实际配置状况，把握和确定社区体育资源实行自治型管理的基本条件。

2. 一级指标层（A）

一级指标层（A）又称"宏观评价层"，是社区体育资源自治型管理评价体系的第一层，从宏观上衡量社区体育资源的配置情况，反映社区体育资源的总体配置状况。一级指标层（A）主要由社区体育财力资源、社区体育硬件资源、社区体育人力资源、社区体育文化资源、社区体育软件信息资源5项指标构成。

3. 二级指标层（B）

二级指标层（B）又称"中观评价层"，是社区体育资源自治型管理评价体系的第二层，是对一级指标的进一步深化，是从中观的角度对社区体育资源的具体情况进行具体描述。二级指标层（B）主要由体育资金额度、体育资金支配、体育资金来源、场地设施类型、场地设施质量、场地设施规模、场地设施层次、场地设施环境、社会体育指导员、体育管理人员、体育资源利用效率、居民体育意识、居民体育参与、体育活动组织、体育文化交流与宣传、社区体育组织、社区体育制度、社区体育网络信息服务18项指标构成。

4. 三级指标层（C）

三级指标层（C）又称"微观评价层"，是社区体育资源自治型管理评价体系的第三层，是整个评价体系中最深化、细致的指标，也是社区体育资源配置情况的最终衡量指标。三级指标层（C）主要由原始体育财力值、年均体育资金增长值、人力资源支出资金、物力资源支出资金、软件资源支出资金、政府出资、市场出资、社会出资、多元主体共同出资、室外场地设施、室内场地设施、风雨场地设施、体育场地面积标准、体育场地界限划定标准、场地设施布局标准、场地设施高低标准、场地设施安装标准、场地设施材质标准、场地设施数量、人均场地设施（面积和数量）、基础场地设施、中档场地设施、高档场地设施、服务环境情况、卫生环境情况、配套设施情况、社会体育指导员人数、社会体育指导员业务能力、社会体育指导员专职情况、社会体育指导员职责履行、管理者人数、管理者业务能力、管理者职责履行、管理者专职情况、居民使用效率、产业经营效率、体育参与认知、体育知识认知、参与群体广度、体育人口规模、体育参与积极性、组织活动类别、组织活动次数、组织活动频次、影响群体范围、交流与宣传频次、交流与宣传方式、协会组织数量、协会组织性质、协会组织功能、规划发展制度、管理监督制度、财政扶持制度、绩效评价制度、体育网络建设、体育信息共享、网络信息质量57项指标构成。

（二）社区体育资源自治型管理实施条件评价指标的释义

1. 社区体育财力资源

社区体育财力资源主要是指在社区范围内开展的一切与体育相关的活动所需要的经费。这是政府、社会力量或社区自身为社区体育资源开发与管理所提供的必要的经济支持，是社区体育资源开发与管理的基础。社区体育财力资源的拥有量决定着该社区的体育资源是否适合自治型管理模式。社区体育财力资源的状况应该用体育资金额度、体育资金支配和体育资金来源3项指标进行衡量。这3项指标同属于社区体育财力资源的子因子，是社区体育财力资源实际情况的具体评价指标。

（1）体育资金额度。资金额度通常是指资金的多少。一般而言，资金越多越有利于社区体育资源的开发与管理。社区体育财力资源的体育资金额度主要是指用于社区体育资源开发、建设的资金量，体育资金额度越高意味着社区可以拥有越多的体育资源，实施社区体育资源自治型管理的条件也就越成熟。也就是说，体育资金额度是对社区体育财力资源的量化评价。如果仅仅依靠社区自身的力量就可以满足社区体育资源开发与管理的需要，那么就没有必要被动地依赖政府和社会力量的扶持与帮助，这类社区很适合实行社区体育资源自治型管理模式。十分重要的一点是，社区只有基本拥有对社区体育资源自行配置的权利时，才能实行该模式。在衡量体育资金额度的过程中，研究者需要对具体的金额进行量化分析，以更加清晰透彻地衡量体育资金额度对实行社区体育资源自治型管理模式的影响。对社区的体育资金额度的具体评估应该采用原始体育财力值和年均体育资金增长值 2 项三级指标。

①原始体育财力值是指社区体育资源在开始产生、投入使用之初，社区具备的基础的体育财力状况，包括社区体育附属配套设施、政府体育配套资金及其他所有固定、不固定的体育资产在内的体育资产价值的总和。该指标是衡量社区体育财力能力最原始且有效的指标。

②年均体育资金增长值是指社区年均体育财力的具体数值，能间接评价社区对体育事业发展的重视程度和体育事业发展的进展情况。

（2）体育资金支配。体育资金支配是指社区按照某种规划或者为实现某种目标而对资金进行支配的全过程，是对社区体育资金使用去向的具体描述。资金的使用去向可以反映社区体育资金的支配是否合理以及社区体育资源开发与管理的侧重点。例如，若社区体育资金主要用于开展各种体育赛事、体育活动等，则从侧面说明该社区的体育基础设施十分完善、体育文化氛围很好，十分重视居民的体育生活；若社区体育资金只用于社区体育设施的建设、维护等，则说明该社区对开展居民体育活动的重视程度较弱。体育资金支配是评价社区体育财力资源的重要指标之一，须加强对资金配置合理性问题的衡量。社区体育财力资源的体育资金支配主要用人力资源支出资金、物力资源支出资金、软件资源支出资金 3

项指标进行评价。人力资源支出资金是指社区用于体育人力的支出资金，物力资源支出资金是指社区用于体育场地设施维护保养的支出资金，软件资源支出资金是指社区为促进体育事业发展在制度、政策及网络信息构建与宣传方面所支出的资金。

（3）体育资金来源。体育资金来源是指社区为开展体育事业所需的一切经费的具体融资渠道。筹集社区体育资金是发展社区体育和保障居民体育权利的前提条件。社区体育资金的集资方式主要有政府出资、市场出资、社会出资、多元主体共同出资 4 种。因此，社区体育财力资源的筹集方式主要用政府出资、市场出资、社会出资、多元主体共同出资 4 项指标来衡量。政府出资、社会出资、市场出资的主体分别指政府、社会公益性组织和市场中的各种商业性主体。多元主体共同出资则是一种新型的筹资形式，指社区、政府、社会公益性组织、市场中的商业性主体及个人等共同承担社区体育发展的资金，也包括在政府的主导作用下相关社会企业对社区体育的援助，这种方式将成为未来我国社区体育发展资金的主要来源。社区体育资源开发与管理的资金来源是否广泛，不仅会直接影响社区体育财力资源是否丰富，还会影响社区体育财力资源是否能够可持续发展。实行社区体育资源自治型管理的首要条件就是雄厚的资金。只有资金来源宽泛，社区才能为居民源源不断地提供体育资源。只有资金充足，社区才能在体育资源开发与管理方面真正地实现自给自足，才能真正做到不依赖政府的扶持而实行社区体育资源自治型管理。因此，评价社区体育资源自治型管理与发展能力的基本前提是衡量社区体育财力资源，而体育资金来源则是直接影响社区体育财力真实状况的客观指标。社区体育资源自治型管理模式的基本特征就是社区享有一定的自治权，自行筹集资金对社区内的体育资源进行独立、科学的配置。体育资金来源这项指标一定要针对具体情况并结合定量与定性分析进行评价，以便对社区体育资源自治型管理实施条件进行科学的评价。

2. 社区体育硬件资源

社区体育硬件资源是指社区中居民用于进行体育活动或体育锻炼的各类体育场地设施的总和，是社区实现体育事业发展目的和任务的必备物质基础，属于社区体育资源构成要素的主体。社区体育硬件资源有多种类别，不同的社区体育硬件资源在功能和属性上存在很大差异。按照体育运动项目划分，社区体育硬件资源可分为篮球场、乒乓球场、羽毛球场、网球场、门球场、健身房、台球室、游泳馆、保龄球馆等多种体育场所；按环境状况划分，社区体育硬件资源可分为室内体育场所、室外体育场所和风雨场所 3 种类型；按地面材质划分，社区体育硬件资源可分为塑胶合成材料场地、水泥地面场地和泥土（煤渣、沙子）场地3 种。

社区体育硬件资源的种类越多，越能满足居民多层面的体育需求。社区如果将社区体育硬件资源的种类控制在合理的范围内，并在此基础上最大程度地满足居民的体育需求，就具备了实施社区体育资源自治型管理的条件。由于社区体育硬件资源种类的复杂性，其评价指标的选取应从不同的视角全方位地进行综合分析。评价社区体育硬件资源需要用场地设施类型、场地设施质量、场地设施规模、场地设施层次和场地设施环境 5 项指标。

（1）场地设施类型。如上文所述，社区体育硬件资源多种多样，其分类视角决定了体育场地设施的类别归属。在此仅以室内、室外为标准对社区体育场地设施进行类别划分。室内外场地设施划分法是对体育场地设施质量的直接反映，由于室内场地设施的使用几乎不受天气变化的影响，诸如乒乓球、羽毛球、篮球等多种运动项目在室外场地进行的质量远不如在室内场地进行的质量，因此室内场地设施的数量、种类和质量都将直接影响社区居民体育运动的开展，决定着社区体育的发展水平。所以，场地设施类型是真实反映社区体育发展现状的重要指标。而体育场地设施按室内、室外的标准又可划分为室外场地设施、室内场地设施和风雨场地设施 3 种，这 3 种体育场地设施类别的划分依据都是其使用是否受天气影响。室外场地设施是指顶上、周围无挡风遮雨的附属配套设施的一类体育场地设施，如多数学校的田径场、篮球场、羽毛球场等。室内场地设施是指周围封闭或半封闭、顶上具有挡风遮雨的配套设施的一类体育场地设施，如高校的游泳馆、羽毛球馆、篮球馆及体育综合场馆。风雨场地设施是指使用时较少受天气影响的周围敞开、上方具有遮雨设施的运动场所，如高校的田径棚等。随着我国体育事业的快速发展，很多社区，尤其是经济发达城市的社区，已经具备建设室内场地设施和风雨场地设施（包括社区辖区内的公共体育场地设施）的能力，充足的体育场地设施使社区具备一定的社区体育资源自治型管理的能力。因此，场地设施类型是评价社区体育硬件资源是否满足社区体育资源自治型管理实施条件的重要指标。

（2）场地设施质量。场地设施质量是影响居民体育需求满足程度的重要指标，社区高质量的体育场地设施能够更好地满足居民的体育需求。社区的场地设施质量主要表现为两个方面：一方面，社区体育器材和设施是否能够满足大多数居民的使用要求，若社区体育器材和设施不能满足居民的使用要求则说明社区体育硬件资源的质量较差；另一方面，体育场地资源能否满足居民的体育需求。社区的体育场地资源质量越好，越能满足居民的体育需求，相应地其体育资源也越适合采用自治型管理模式。因此，场地设施质量是衡量社区体育资源自治型管理实施能力的重要指标。场地设施质量的衡量标准具有多样性，尤其是对于以居民为核心的社区来说更为复杂。居民在经济、社会地位等诸多方面存在很大的差异，所以他们在感知场地设施质量的时候就会有不同的标准。对场地设施质量的评价要坚持以居民真实需求为原则，要科学合理地对社区的场地设施进行评价。场地设施质量通常与标准挂钩，因此评价社区的场地设施质量应当根据相关标准进行，主要涉及体育场地面积标准、体育场地界限划定标准、场地设施布局标准、场地设施高低标准、场地设施安装标准、场地设施材质标准等。国家体育总局和教育部对体育场地设施制定了严格的建设标准，这里的评价尺度将按照其具体规定进行。

（3）场地设施规模。规模通常用于描述某事物的数量、面积等具体情况。场地设施规模则是对社区的场地设施总量的描述。社区的场地设施总量越大说明该社区体育的发展水平越高。场地设施规模主要表现在社区体育场地的总面积、人均拥有量、社区体育场地器材的数量等方面。社区体育场地、器材的数量可在一定程度上反映出社区体育场地、器材的人均拥有量，同时从侧面反映出居民对社区体育场地、设施的需求量。社区体育场地、器材越多，越能够满足居民体育锻炼的需求。因此，社区的场地设施规模也是影响社区体育资源实施自治型管理的重要条件。所以，对社区体育硬件资源的数量的评价应该充分考虑社区体育场地设施的数量以及体育场地的总面积和人均体育场地拥有量等因素，以便能够全面系统地对社区体育资源是否适合实施自治型管理进行客观评价。因此，评价社区的场地设施规模主要用场地设施数量和人均场地设施（面积和数量）2 项指标。

（4）场地设施层次。层次通常用于描述事物、组织的地位、类别等状况。场地设施层次是对社区体育场地设施建设的全面性的描述。体育场地设施按照不同层次划分，可以分为基础场地设施、中档场地设施和高档场地设施。其中，基础场地设施是指开展体育活动所必须具备的一类场地设施，如学校体育教学必须具备的活动空地、乒乓球台，社区体育开展必须具备的基础健身路径等都属于重要的基础场地设施。从某种意义上来说，基础场地设施是带有国家强制性的必须建设的体育硬件资源。中档场地设施和高档场地设施实际上就是通常所说的非基础场地设施，这类资源是根据当地的具体经济状况而建设的，不带有强制性质，如学校的各种室内场馆，对公众开放的网球场、高尔夫球场等建设成本较高的体育场馆。场地设施层次同样是评价社区体育资源自治型管理实施能力的重要指标，具体从基础场地设施、中档场地设施和高档场地设施等资源的拥有情况进行评价，体育场地设施的层次越高，社区体育资源自治型管理实施能力就越容易加强。

（5）场地设施环境。市场经济条件下，任何产品的经营开发都不能忽视对服务质量的打造，特别是售前服务、售后服务，它们在很大程度上决定了产品经营市场的质量。体育场地设施作为一种产品进入市场被商业化运营，其产品服务质量的高低直接决定消费者的多少和经营效益能否成功实现。社区对其体育资源实行自治型管理，其场地设施不仅要在量上具备优势，还要在质上有所体现，而这在很大程度上需要场地设施的优良服务环境作为补充。场地设施环境是决定服务质量的重要因素，主要包括服务环境情况、卫生环境情况、配套设施情况三个方面的内容。①场地设施的服务环境情况主要通过提升居民参与内容的舒适性而体现出来。②场地设施的卫生环境情况是决定消费者舒适感的重要因素，只有拥有良好的卫生环境才能使体育消费者感到满意。评价社区体育场地设施的卫生环境情况主要是对其定时保洁情况和保洁频率等方面进行考查。前者是对场地设施是否经常打扫卫生、场地设施保洁的实际情况进行考查，后者是在前者的基础上进一步对场地设施在单位时间内的保洁次数进行考查，二者都是影响场地设施卫生环境情况的重要因子。③场地的配套设施是指某种主运动场地设施之外的其他配套设施，包括配套健身设施、照明设施和各种服务设施等，这些配套设施都是影响场地服务质量的重要因素。随着生活水平的不断提高，消费者对产品的消费需求不再停留于对原有产品的单纯消费上，还会考虑产品消费带来的附加价值。体育消费者同样如此，他们对体育场地设施的消费已经不只局限于对某种单一体育场地设施的消费，消费某种体育设施能带来多少附加价值、消费的舒适感和消费带来的各种服务都是决定和保持消费者消费行为的重要影响因素。因此，社区体育场地设施要具备自治型管理能力，实现商业运营，就必须对场地设施的配套健身设施、照明设施等进行完善，以期能够真正占领社区体育消费市场。

3. 社区体育人力资源

社区体育人力资源主要是指在社区体育系统内具有管理能力、体育指导能力的社区体育服务人员以及能够促进社区体育发展的全部人员的总和，主要由社会体育指导员和体育管理人员两部分构成。社区体育人力资源在社区体育资源管理中具有重要作用，社区体育人力资源越丰富，就越能促进社区体育发展。社区体育人力资源的主要作用是保障社区体育赛事和居民体育锻炼的顺利进行，为社区居民提供体育理论培训、技术辅导、健康与康复咨询等优质体育服务。社区体育人力资源是社区体育资源的重要组成部分，高素质的体育人力资源可以进一步优化社区体育资源的开发与利用。因此，社区体育人力资源是评估社区体育资源是否适合实行自治型管理模式的重要指标。

（1）社会体育指导员。社会体育指导员是指在居民进行社区体育活动时能够为其提供体育技能指导、体育健康知识传播等服务的体育服务人员。社会体育指导员是发展社区体育、增进居民身心健康、提高居民生活质量的一支重要队伍，对社区体育发展具有重要意义。社会体育指导员的数量和专业能力能在一定程度上反映社区体育发展的状况。所以，研究者在确定评价指标时应充分考虑社会体育指导员的数量和质量。在此，课题组从社会体育指导员人数、社会体育指导员业务能力、社会体育指导员专职情况和社会体育指导员职责履行四个方面评价社会体育指导员。

（2）体育管理人员。专业的体育管理人员更有利于优化社区体育资源的管理。社区的体育管理人员主要负责各项体育活动的组织和社区体育相关事务的管理，他们有责任将社区体育发展得更好。对体育管理人员的评价应该从数量和质量两个方面进行。数量主要是指社区的体育管理人员人数的多少，体育管理人员的数量充足有助于其分工协作，处理好社区中各项体育事务；质量主要是指社区的体育管理人员的业务能力、职责履行、专职情况等。体育管理人员的质量无法直接进行评价。因此，社区的体育管理人员应该用管理者人数、管理者业务能力、管理者职责履行、管理者专职情况4项指标来评价。

4. 社区体育文化资源

社区体育文化资源是社区内居民进行体育锻炼或与体育相关的活动的文化氛围以及与此相关的资源要素的总称，是社区体育发展水平的直接反映。良好的社区体育文化氛围是居民进行体育活动的催化剂，对提高居民体育锻炼的积极性具有重要意义。同时，良好的社区体育文化氛围能为居民进行体育活动提供良好的环境。在浓厚的社区体育文化氛围中，居民才会自觉、自主地参与社区体育活动。良好的社区体育文化氛围有利于社区体育场地器材的有效使用和体育经费的合理支出。因此，社区体育资源自治型管理模式对社区体育文化氛围也有一定的要求。社区体育文化资源主要通过体育资源利用效率、居民体育意识、居民体育参与、体育活动组织、体育文化交流与宣传5项指标进行评价。

（1）体育资源利用效率。体育资源是开展体育事业的基础，其利用效率能够直接反映社区体育的开展情况及体育氛围。体育资源的使用者越多，利用效率就越高，社区体育就发展得越好。社区的体育资源利用效率可通过居民使用效率和产业经营效率2项指标进行评价。

（2）居民体育意识。意识是人类储存于大脑中的对事物的具体看法和认识。敏锐而先进的意识能够促进人的科学的世界观、价值观的形成。居民体育意识指的是居民对参与体育运动、体育健身、体育娱乐等各种体育活动的具体看法和认识，先进的体育意识是先进的区域体育文化的直接反映，能够有效地促进区域体育事业的发展。居民体育意识先进与否是社区体育文化先进与否的客观反映，居民先进的体育意识对社区体育发展起着重要的助推作用。居民体育意识应该用体育参与认知和体育知识认知 2 项指标来评价。

（3）居民体育参与。体育参与者是指参与体育活动、体育信息传播的人员，也包括以体育为职业的人。居民体育参与是指社区居民参与各种体育活动、体育赛事的具体情况，是社区体育文化氛围的直接反映，是评价社区体育文化资源的重要指标。社区体育参与群体的规模越大，说明社区体育的发展水平越高。居民体育参与主要用参与群体广度、体育人口规模、体育参与积极性 3 项指标来评估。

（4）体育活动组织。体育活动组织是从社区体育活动管理的角度进行评价的一项指标。社区的体育活动组织的多少直接影响社区体育的发展，是对社区体育文化资源的鲜明展现。社区的体育活动组织情况主要用组织活动类别、组织活动次数、组织活动频次、影响群体范围 4 项指标来评价。这 4 项指标都是对社区体育管理人员组织体育活动的直接评价，是对社区体育管理部门或管理者对体育文化的重视程度、履行体育管理职责的客观评价。

（5）体育文化交流与宣传。社区作为社会的重要组成单位，其任何方面都不可能独立于社会之外而发展。同样，社区的体育文化作为社会的一种文化现象，是整个社会文化体系的重要组成部分，可融入社会体育文化而共同发展。社区体育文化的这种融合性发展也正是对社区的体育文化发展氛围的直接体现。社区的体育文化交流与宣传正是社区文化氛围和文化融合性发展的一种表现。通常社区与社区、社区与学校、社区与企事业单位之间的体育文化都存在交流关系，而这种交流关系的密切程度则是其体育文化对外交流的客观表现。因此，社区的体育文化交流与宣传主要用交流与宣传频次和交流与宣传方式 2 项指标来评价。社区的体育文化交流与宣传一般通过媒体传播、广告宣传、设置宣传栏、开展知识讲座及设置体育科学知识咨询处等方式进行，宣传的方式越多，说明社区体育文化宣传工作做得越好，效果体现得就越明显。

5.社区体育软件信息资源

社区体育软件信息资源是为促进社区体育发展而制定或设置的各类体育制度（政策）、体育信息的传播平台或宣传平台的总称，是促进社区体育发展和社区居民获得体育信息的重要手段与渠道。社区体育软件信息资源主要用社区体育组织、社区体育制度和社区体育网络信息服务 3 项指标来评价。

（1）社区体育组织。社区体育组织是指社区辖区内存在的各类体育兴趣组织，是促进社区体育发展的重要力量和载体，如各类体育协会、体育俱乐部或公益性体育组织等。社区体育组织可用协会组织数量、协会组织性质和协会组织功能 3 项指标来评价。

（2）社区体育制度。社区体育制度是促进社区体育发展的根本依据，很多时候在保障社区体育工作方面具有强制性的特点，完善的社区体育制度对社区体育资源自治型管理模式的实行至关重要。社区体育制度可用规划发展制度、管理监督制度、财政扶持制度和绩效评价制度 4 项指标来评价。

（3）社区体育网络信息服务。社区体育网络信息平台不仅是宣传与普及体育文化的重要载体，也是社区居民了解体育信息的最直接的渠道。因此，社区实行体育资源自治型管理应充分借助网络信息的发展，构建多样化、便捷性和时效性较强的体育信息网络宣传平台，以促进社区体育的发展。社区体育网络信息服务可用体育网络建设、体育信息共享和网络信息质量 3 项指标来评价。

第二节　社区体育资源自治型管理实施条件评价指标的权重系数与评价标准

一、社区体育资源自治型管理实施条件评价指标的权重系数

社区体育资源自治型管理实施条件评价除了要进行定性分析外，还应该进行定量分析。如果单一地采用定性分析法容易产生浓重的主观色彩，就会导致评价体系的可信度较差。因此，需要使用定量分析法对各项评价指标进行量化，以增强社区体育资源自治型管理实施条件评价指标的科学性。如果只采用定量分析

法，就会导致在实际操作中难以实施。故社区体育资源自治型管理实施条件评价指标的确定始终坚持定性分析与定量分析相结合的原则，课题组运用层次分析法和德尔菲法等研究方法对相关指标进行考量，以更加客观、科学地对社区体育资源自治型管理实施条件进行评价。

目前，模糊数学评价法、层次分析法、综合价值评价模型法、综合评分法、价值工程法等是常用于对社区体育资源进行综合量化评价的研究方法。在众多研究方法中，层次分析法优势明显。层次分析法能够将复杂的问题简化为递阶层次结构，从而方便进行有序化分析，并且能够客观、有效地将专家意见和相关数据结合起来，对决策者的经验性预判进行量化处理，同时对实际操作中难以量化且缺乏数据的情况同样适用。评价社区是否能够实施体育资源自治型管理是一项复杂烦琐的工程，需要对社区体育资源的数量、种类、质量等各类数据和专家意见进行全面的分析。因此，层次分析法用于评价社区体育资源自治型管理实施条件较为合适。

层次分析法将多目标的复杂问题看作是一个系统，然后将总目标分解成若干个小的目标，进而形成多指标的层次。研究者通过定性的量化分析方法算出各指标的权重和总排序，以达到优化决策或目标的目的。层次分析法本质上是运用决策思维来确定系统中各指标的权重的分析方法。本研究运用层次分析法将社区体育资源自治型管理实施条件评价体系中的各项指标进行分层、分组，形成有序的递阶层次结构，通过对各项指标进行两两比较来确定层次中各因素的重要程度，然后结合专家意见来分析、确定各指标重要性的总排序。

运用层次分析法来确定社区体育资源自治型管理实施条件评价体系中各项指标的权重主要分为以下四个步骤。

（一）确定评价指标层次结构

社区体育资源自治型管理实施条件评价指标的影响因子很多，首先要对各因子进行全面的调查与分析，明确主要影响因子和次要影响因子；其次要按各因子的内在逻辑关系进行分组，将各评价指标划分为若干个层次；最后要建立科学的层次结构评价模型。社区体育资源自治型管理实施条件评价的层次结构见图3-1。

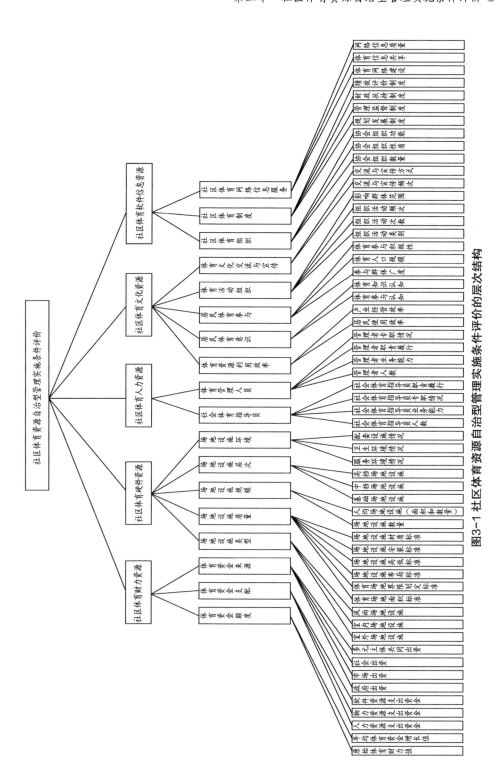

图3-1　社区体育资源自治型管理实施条件评价的层次结构

（二）构建评价指标判断矩阵

科学合理的判断矩阵的构建是层次分析法中非常重要的一个步骤。评价体系构建完成之后，就确定了指标之间的隶属关系。假定以上一层次的指标 A 为准则，那么 A 就对下一层次的指标 a_1、$a_2 \cdots a_n$ 有支配关系，针对指标 A，两个指标 a_i、a_j 相比较的重要性标度为 a_{ij}，a_{ij} 的取值及其含义见表 3-9。

表 3-9　重要性标度的取值及其含义

重要性标度	定义描述
1	表示两个指标比较，一个指标与另一个同样重要
3	表示两个指标比较，一个指标相对另一个稍微重要
5	表示两个指标比较，一个指标相对另一个比较重要
7	表示两个指标比较，一个指标相对另一个非常重要
9	表示两个指标比较，一个指标相对另一个绝对重要
2，4，6，8	上述相邻判断的中值
倒数	a_{ij} 表示指标 a_i 与 a_j 比较的判断，则 a_j 与 a_i 比较的判断 $a_{ji}=1/a_{ij}$。

对于 n 个指标来说，n 个指标两两对比就得到判断矩阵 P。

以 A 表示目标，a_i、$a_j(i, j = 1, 2, \cdots, n)$ 表示因素。a_{ij} 表示 a_i 对 a_j 的相对重要性数值。并由 a_{ij} 组成判断矩阵 P。

设 $P=\left(a_{ij}\right)_{nn}\left(i, j=1, 2, \cdots, n\right)$

则 $P=\begin{bmatrix} a_{11} & \cdots & a_{1n} \\ \vdots & & \vdots \\ a_{n1} & \cdots & a_{nn} \end{bmatrix}$

判断矩阵 P 若具有如下特性：$a_{ii}=1$；$a_{ij}=1/a_{ji}$；$a_{ij}=a_{ik}/a_{jk}$

则称 P 为一致性矩阵。

据此，课题组根据社区体育资源自治型管理实施条件评价的指标矩阵模型，结合专家给出的两两指标对比产生的重要性意见，建立相应的指标权属关系判断矩阵。在此以专家 1 的判断矩阵为例（表 3-10 至表 3-33），进行其特征向量计算。

表 3-10　A₁ ~ A₅ 权属关系判断矩阵

指标	A₁	A₂	A₃	A₄	A₅
A₁	1	1/3	3	5	7
A₂	3	1	5	7	9
A₃	1/3	1/5	1	3	5
A₄	1/5	1/7	1/3	1	3
A₅	1/7	1/9	1/5	1/3	1

表 3-11　B₁ ~ B₃ 权属关系判断矩阵

指标	B₁	B₂	B₃
B₁	1	5	3
B₂	1/5	1	1/3
B₃	1/3	3	1

表 3-12　B₄ ~ B₈ 权属关系判断矩阵

指标	B₄	B₅	B₄	B₇	B₈
B₄	1	1/5	1/7	1/3	3
B₅	5	1	1/3	3	7
B₆	7	3	1	5	9
B₇	3	1/3	1/5	1	5
B₈	1/3	1/7	1/9	1/5	1

表 3-13　B₉ ~ B₁₀ 权属关系判断矩阵

指标	B₉	B₁₀
B₉	1	1/3
B₁₀	3	1

表 3-14　B₁₁ ~ B₁₅ 权属关系判断矩阵

指标	B₁₁	B₁₂	B₁₃	B₁₄	B₁₅
B₁₁	1	5	3	7	9
B₁₂	1/5	1	1/3	3	5
B₁₃	1/3	3	1	5	3

指标	B_{11}	B_{12}	B_{13}	B_{14}	B_{15}
B_{14}	1/7	1/3	1/5	1	3
B_{15}	1/9	1/5	1/3	1/3	1

表 3-15　B_{16} ~ B_{18} 权属关系判断矩阵

指标	B_{16}	B_{17}	B_{18}
B_{16}	1	3	5
B_{17}	1/3	1	3
B_{18}	1/5	1/3	1

表 3-16　C_1 ~ C_2 权属关系判断矩阵

指标	C_1	C_2
C_1	1	3
C_2	1/3	1

表 3-17　C_3 ~ C_5 权属关系判断矩阵

指标	C_3	C_4	C_5
C_3	1	1/5	1/3
C_4	5	1	3
C_5	3	1/3	1

表 3-18　C_6 ~ C_9 权属关系判断矩阵

指标	C_6	C_7	C_8	C_9
C_6	1	1/5	1/3	1/7
C_7	5	1	3	1/3
C_8	3	1/3	1	1/5
C_9	7	3	5	1

表 3-19　C_{10} ~ C_{12} 权属关系判断矩阵

指标	C_{10}	C_{11}	C_{12}
C_{10}	1	1/5	1/3
C_{11}	5	1	3
C_{12}	3	1/3	1

表 3-20 C_{13} ~ C_{18} 权属关系判断矩阵

指标	C_{13}	C_{14}	C_{15}	C_{16}	C_{17}	C_{18}
C_{13}	1	5	9	9	7	3
C_{14}	1/5	1	5	7	3	1/3
C_{15}	1/9	1/5	1	3	1/3	1/7
C_{16}	1/9	1/7	1/3	1	1/5	1/9
C_{17}	1/7	1/3	3	5	1	1/5
C_{18}	1/3	3	7	9	5	1

表 3-21 C_{19} ~ C_{20} 权属关系判断矩阵

指标	C_{19}	C_{20}
C_{19}	1	1/3
C_{20}	3	1

表 3-22 C_{21} ~ C_{23} 权属关系判断矩阵

指标	C_{21}	C_{22}	C_{23}
C_{21}	1	1/3	1/5
C_{22}	3	1	1/3
C_{23}	5	3	1

表 3-23 C_{24} ~ C_{26} 权属关系判断矩阵

指标	C_{24}	C_{25}	C_{26}
C_{24}	1	3	1/3
C_{25}	1/3	1	1/5
C_{26}	3	5	1

表 3-24 C_{27} ~ C_{30} 权属关系判断矩阵

指标	C_{27}	C_{28}	C_{29}	C_{30}
C_{27}	1	1/7	1/3	1/5
C_{28}	7	1	5	3
C_{29}	3	1/5	1	1/3
C_{30}	5	1/3	3	1

表 3-25　$C_{31} \sim C_{34}$ 权属关系判断矩阵

指标	C_{31}	C_{32}	C_{33}	C_{34}
C_{31}	1	1/3	3	5
C_{32}	3	1	5	7
C_{33}	1/3	1/5	1	3
C_{34}	1/5	1/7	1/3	1

表 3-26　$C_{26} \sim C_{36}$ 权属关系判断矩阵

指标	C_{35}	C_{36}
C_{35}	1	3
C_{36}	1/3	1

表 3-27　$C_{37} \sim C_{38}$ 权属关系判断矩阵

指标	C_{37}	C_{38}
C_{37}	1	1/3
C_{38}	3	1

表 3-28　$C_{39} \sim C_{41}$ 权属关系判断矩阵

指标	C_{39}	C_{40}	C_{41}
C_{39}	1	1/5	1/3
C_{40}	5	1	3
C_{41}	3	1/3	1

表 3-29　$C_{42} \sim C_{45}$ 权属关系判断矩阵

指标	C_{42}	C_{43}	C_{44}	C_{45}
C_{42}	1	1/3	1/7	1/5
C_{43}	3	1	1/3	1/3
C_{44}	7	3	1	3
C_{45}	5	3	1/3	1

表 3-30　$C_{46} \sim C_{37}$ 权属关系判断矩阵

指标	C_{46}	C_{47}
C_{46}	1	3
C_{47}	1/3	1

表 3-31　C$_{48}$ ~ C$_{50}$ 权属关系判断矩阵

指标	C$_{48}$	C$_{49}$	C$_{50}$
C$_{48}$	1	3	1/3
C$_{49}$	1/3	1	1/5
C$_{50}$	3	5	1

表 3-32　C$_{51}$ ~ C$_{54}$ 权属关系判断矩阵

指标	C$_{51}$	C$_{52}$	C$_{53}$	C$_{54}$
C$_{51}$	1	3	7	5
C$_{52}$	1/3	1	5	3
C$_{53}$	1/7	1/5	1	1/3
C$_{54}$	1/5	1/3	3	1

表 3-33　C$_{55}$ ~ C$_{57}$ 权属关系判断矩阵

指标	C$_{55}$	C$_{56}$	C$_{57}$
C$_{55}$	1	3	5
C$_{56}$	1/3	1	3
C$_{57}$	1/5	1/3	1

（三）计算判断矩阵特征向量

判断矩阵特征向量的计算依据为专家对指标的矩阵判断结果。一般采用方根或和积的方法来计算判断矩阵 P 的最大特征根 $\lambda_{\max}$ 和所对应的特征向量，即可得出各评判指标的重要性排序，也就是各指标的权重系数。方根法可计算出它所对应的标准化特征向量，从而可以得到同一层次中各因素相对于上一层次中某因素的相对排序权重 W_i。其中，$\lambda_{\max}$ 采用方根法进行求解，其步骤如下：

（1）计算判断矩阵每一行因素的乘积 M_i；

（2）将 M_i 开 n 次方；

（3）对 $\vec{W}$ 进行归一化处理，得出 W_i；

（4）整理各项指标的权重。

根据上述原理得出专家 1 关于社区体育资源自治型管理实施条件评价指标特

征向量，见表3-34。

表3-34 社区体育资源自治型管理实施条件评价指标特征向量（专家1）

指标层（A）	同级（W_i）	全局（W_i）	指标层（B）	同级（W_i）	全局（W_i）	指标层（C）	同级（W_i）	全局（W_i）
A₁	0.260 232 0	0.260 232 0	B₁	0.633 346 0	0.164 817 0	C₁	0.750 000 0	0.123 612 0
						C₂	0.250 000 0	0.041 204 1
			B₂	0.106 156 0	0.027 625 2	C₃	0.106 156 0	0.002 932 6
						C₄	0.633 346 0	0.017 496 3
						C₅	0.260 498 0	0.007 196 3
			B₃	0.260 498 0	0.067 789 8	C₆	0.056 889 8	0.003 856 6
						C₇	0.263 345 0	0.017 852 1
						C₈	0.121 873 0	0.008 261 7
						C₉	0.557 892 0	0.037 819 4
A₂	0.502 819 0	0.502 819 0	B₄	0.067 777 7	0.034 079 9	C₁₀	0.106 156 0	0.003 617 8
						C₁₁	0.633 346 0	0.021 584 4
						C₁₂	0.260 498 0	0.008 877 8
			B₅	0.260 232 0	0.130 850 0	C₁₃	0.452 250 0	0.059 176 7
						C₁₄	0.143 838 0	0.018 821 1
						C₁₅	0.042 818 1	0.005 602 7
						C₁₆	0.025 194 7	0.003 296 7
						C₁₇	0.079 573 4	0.010 412 1
						C₁₈	0.256 325 0	0.033 540 0
			B₆	0.502 819 0	0.252 827 0	C₁₉	0.250 000 0	0.063 206 9
						C₂₀	0.750 000 0	0.189 621 0
			B₇	0.134 350 0	0.067 554 0	C₂₁	0.106 156 0	0.007 171 3
						C₂₂	0.260 498 0	0.017 597 7
						C₂₃	0.633 346 0	0.042 785 0
			B₈	0.034 820 8	0.017 508 6	C₂₄	0.260 498 0	0.004 561 0
						C₂₅	0.106 156 0	0.001 858 7
						C₂₆	0.633 346 0	0.011 089 0

指标层（A）	同级（W_i）	全局（W_i）	指标层（B）	同级（W_i）	全局（W_i）	指标层（C）	同级（W_i）	全局（W_i）
A_3	0.134 350 0	0.134 350 0	B_9	0.250 000 0	0.033 587 6	C_{27}	0.056 889 8	0.001 910 8
						C_{28}	0.557 892 0	0.018 738 3
						C_{29}	0.121 873 0	0.004 093 4
						C_{30}	0.263 345 0	0.008 845 1
			B_{10}	0.750 000 0	0.100 763 0	C_{31}	0.263 345 0	0.026 535 4
						C_{32}	0.557 892 0	0.056 214 8
						C_{33}	0.121 873 0	0.012 280 2
						C_{34}	0.056 889 8	0.005 732 4
A_4	0.067 777 7	0.067 777 7	B_{11}	0.511 512 0	0.034 669 1	C_{35}	0.750 000 0	0.026 001 8
						C_{36}	0.250 000 0	0.008 667 3
			B_{12}	0.141 411 0	0.009 584 5	C_{37}	0.250 000 0	0.002 396 1
						C_{38}	0.750 000 0	0.007 188 4
			B_{13}	0.231 129 0	0.015 665 4	C_{39}	0.106 156 0	0.001 663 0
						C_{40}	0.633 346 0	0.009 921 6
						C_{41}	0.260 498 0	0.004 080 8
			B_{14}	0.072 014 3	0.004 881 0	C_{42}	0.057 754 9	0.000 281 9
						C_{43}	0.145 401 0	0.000 709 7
						C_{44}	0.515 247 0	0.002 514 9
						C_{45}	0.281 597 0	0.001 374 5
			B_{15}	0.043 933 3	0.002 977 7	C_{46}	0.750 000 0	0.002 233 3
						C_{47}	0.250 000 0	0.000 744 4
A_5	0.034 820 8	0.034 820 8	B_{16}	0.633 346 0	0.022 053 6	C_{48}	0.260 498 0	0.005 744 9
						C_{49}	0.106 156 0	0.002 341 1
						C_{50}	0.633 346 0	0.013 967 6

指标层（A）	同级(W_i)	全局(W_i)	指标层（B）	同级(W_i)	全局(W_i)	指标层（C）	同级(W_i)	全局（W_i）
A_5	0.034 820 8	0.034 820 8	B_{17}	0.260 498 0	0.009 070 8	C_{51}	0.557 892 0	0.005 060 5
						C_{52}	0.263 345 0	0.002 388 7
						C_{53}	0.056 889 8	0.000 516 0
						C_{54}	0.121 873 0	0.001 105 5
			B_{18}	0.106 156 0	0.003 696 5	C_{55}	0.633 346 0	0.002 341 1
						C_{56}	0.260 498 0	0.000 962 9
						C_{57}	0.106 156 0	0.000 392 4

（四）层次排序与一致性检验

1.层次单排序与一致性检验

社区体育资源自治型管理实施条件评价体系表现出一定的主观性和复杂性，这导致所得出的判断矩阵无法完全符合一致性，尤其是在指标复杂、规模庞大的情况下。因此，为了保证分析结果的合理性，研究者需要对构建的判断矩阵进行一致性检验，以避免偏差过大。在此，研究者用随机一致性比率 CR 来衡量判断矩阵是否具有一致性。当随机一致性比率 $CR<0.10$ 时，判断矩阵具有令人满意的一致性；当 $CR>0.10$ 时，判断矩阵需要调整，直至得到令人满意的一致性为止。随机一致性比率 CR 可通过以下公式求得。

$$CR = \frac{CI}{RI}$$

$$CI = \frac{\lambda_{\max} - n}{n-1}$$

$$\lambda_{\max} = \sum_{i=1}^{n} \frac{(AW)_i}{nW_i}$$

$$CR = \frac{\lambda_{\max} - n}{RI\ (n-1)}$$

式中，$\lambda_{\max}$ 为矩阵 P 的最大特征根；W_i 为特征向量值；RI 为平均随机一致性指标，见表3-35。

表 3-35　判断矩阵平均随机一致性指标 *RI* 值 [1]

矩阵阶数	1	2	3	4	5	6	7	8	9
RI 值	0.00	0.00	0.52	0.89	1.12	1.26	1.36	1.41	1.45

按照上述计算原理，专家 1 关于判断矩阵的单排序 λ_{max} 值和随机一致性比率 *CR* 值见表 3-36，其结果均通过前后一致性检验。

表 3-36　社区体育资源自治型管理实施条件评价指标
判断矩阵单排序 λ_{max} 值和随机一致性比率 *CR* 值（专家 1）

序号	指标矩阵	λ_{max} 值	*CR* 值	备注
1	$A_1 \sim A_5$	5.232 40	0.053 01<0.10	*CR* 值符合
2	$B_1 \sim B_3$	3.038 51	0.037 03<0.10	*CR* 值符合
3	$B_4 \sim B_8$	5.237 48	0.053 01<0.10	*CR* 值符合
4	$B_9 \sim B_{10}$	2	0<0.10	*CR* 值符合
5	$B_{11} \sim B_{15}$	5.377 65	0.084 30<0.10	*CR* 值符合
6	$B_{16} \sim B_{18}$	3.038 51	0.037 03<0.10	*CR* 值符合
7	$C_1 \sim C_2$	2	0<0.10	*CR* 值符合
8	$C_3 \sim C_5$	3.038 51	0.037 03<0.10	*CR* 值符合
9	$C_6 \sim C_9$	4.116 98	0.043 81<0.10	*CR* 值符合
10	$C_{10} \sim C_{12}$	3.038 51	0.037 03<0.10	*CR* 值符合
11	$C_{13} \sim C_{18}$	6.456 94	0.072 53<0.10	*CR* 值符合
12	$C_{19} \sim C_{20}$	2	0<0.10	*CR* 值符合
13	$C_{21} \sim C_{23}$	3.038 51	0.037 03<0.10	*CR* 值符合
14	$C_{24} \sim C_{26}$	3.038 51	0.037 03<0.10	*CR* 值符合
15	$C_{27} \sim C_{30}$	4.116 98	0.043 81<0.10	*CR* 值符合
16	$C_{31} \sim C_{34}$	4.116 98	0.043 81<0.10	*CR* 值符合
17	$C_{35} \sim C_{36}$	2	0<0.10	*CR* 值符合
18	$C_{37} \sim C_{38}$	2	0<0.10	*CR* 值符合
19	$C_{39} \sim C_{41}$	3.038 51	0.037 03<0.10	*CR* 值符合

[1] 洪志国，李焱，范植华，等.层次分析法中高阶平均随机一致性指标（*RI*）的计算 [J].计算机工程与应用，2002(12)：45-47，150.

续表

序号	指标矩阵	λ_{max} 值	CR 值	备注
20	$C_{42} \sim C_{45}$	4.137 93	0.052 33<0.10	修正后 CR 值符合
21	$C_{46} \sim C_{47}$	2	0<0.10	CR 值符合
22	$C_{48} \sim C_{50}$	3.038 51	0.037 03<0.10	CR 值符合
23	$C_{51} \sim C_{54}$	4.116 98	0.043 81<0.10	CR 值符合
24	$C_{55} \sim C_{57}$	3.038 51	0.037 03<0.10	CR 值符合

2. 层次总排序与一致性检验

层次总排序检验是对最高矩阵层级到最低矩阵层级的逐级检验，目的是检验各矩阵层级相对总层次矩阵是否符合一致性要求。其基本原理为，设 A 层级指标 A_1，A_2，$\cdots$，A_n 相对上层社区体育资源自治型管理实施条件评价总目标（S）的因素 S_j（$j = 1$，2，$\cdots$，m）的层次单排序一致性指标为 CI_j，平均随机一致性指标为 RI，则层次总排序的一致性比率为 CR。

$$CR = \frac{S_1 CI_1 + S_2 CI_2 + \cdots + S_m CI_m}{S_1 RI_1 + S_2 RI_2 + \cdots + S_m RI_m}$$

当 $CR<0.10$ 时，层次总排序通过一致性检验。由此，可根据最下层的层次总排序确定评价方案决策。根据上述原理，课题组对社区体育资源自治型管理实施条件评价体系进行层次总排序一致性检验。检验过程如下。

（1）B 级指标层相对 A 级指标层的一致性检验。

经过计算，B 级指标层相对 A 级指标层通过一致性检验。

（2）C 级指标层相对 B 级指标层的一致性检验。

经过计算，C 级指标层相对 B 级指标层通过一致性检验。

为此，课题组整理了 16 名专家关于社区体育资源自治型管理实施条件评价指标的判断矩阵，将其意见输入迈实层次分析法软件（6.0 版）[1] 中，得出 16 名专家关于相应指标特征向量的群决策数据，见表 3-37。

---

[1] 迈实层次分析法软件（6.0 版）具有专家一致性检验的自动更正功能，所得数据为通过一致性检验后的数据。

表 3-37 社区体育资源自治型管理实施条件评价指标特征向量（群决策数据）

指标层（A）	同级（W_i）	全局（W_i）	指标层（B）	同级（W_i）	全局（W_i）	指标层（C）	同级（W_i）	全局（W_i）
A_1	0.319 316 0	0.319 316 0	B_1	0.483 848 0	0.144 933 0	C_1	0.790 632 0	0.114 589 0
						C_2	0.209 368 0	0.030 344 4
			B_2	0.107 366 0	0.034 497 2	C_3	0.138 563 0	0.004 780 0
						C_4	0.656 048 0	0.022 631 8
						C_5	0.205 390 0	0.007 085 4
			B_3	0.408 787 0	0.139 885 0	C_6	0.075 437 7	0.010 552 6
						C_7	0.256 001 0	0.035 810 7
						C_8	0.107 371 0	0.015 019 6
						C_9	0.561 190 0	0.078 502 1
A_2	0.409 200 0	0.409 200 0	B_4	0.089 980 6	0.037 922 4	C_{10}	0.117 999 0	0.004 474 8
						C_{11}	0.657 600 0	0.024 937 8
						C_{12}	0.224 401 0	0.008 509 8
			B_5	0.298 867 0	0.122 200 0	C_{13}	0.432 830 0	0.052 891 7
						C_{14}	0.151 819 0	0.018 552 2
						C_{15}	0.046 189 0	0.005 644 3
						C_{16}	0.035 456 6	0.004 332 8
			B_5	0.298 867 0	0.122 200 0	C_{17}	0.071 519 5	0.008 739 7
						C_{18}	0.262 186 0	0.032 039 0
			B_6	0.449 739 0	0.184 096 0	C_{19}	0.207 154 0	0.038 136 4
						C_{20}	0.792 846 0	0.145 960 0
			B_7	0.124 074 0	0.050 009 4	C_{21}	0.103 284 0	0.005 165 2
						C_{22}	0.299 047 0	0.014 955 1
						C_{23}	0.597 669 0	0.029 889 1
			B_8	0.037 340 1	0.014 971 9	C_{24}	0.236 771 0	0.003 544 9
						C_{25}	0.115 743 0	0.001 732 9
						C_{26}	0.647 486 0	0.009 694 0

指标层（A）	同级（W_i）	全局（W_i）	指标层（B）	同级（W_i）	全局（W_i）	指标层（C）	同级（W_i）	全局（W_i）
A_3	0.161 927 0	0.161 927 0	B_9	0.227 500 0	0.036 388 1	C_{27}	0.118 934 0	0.004 327 8
						C_{28}	0.545 420 0	0.019 846 8
						C_{29}	0.103 403 0	0.003 762 7
						C_{30}	0.232 242 0	0.008 450 9
			B_{10}	0.772 500 0	0.125 539 0	C_{31}	0.215 257 0	0.027 023 1
						C_{32}	0.562 289 0	0.070 589 0
						C_{33}	0.142 695 0	0.017 913 8
						C_{34}	0.079 758 1	0.010 012 7
A_4	0.069 380 6	0.069 380 6	B_{11}	0.504 032 0	0.034 962 3	C_{35}	0.800 432 0	0.027 985 0
						C_{36}	0.199 568 0	0.006 977 4
			B_{12}	0.116 954 0	0.008 133 1	C_{37}	0.223 490 0	0.001 817 7
						C_{38}	0.776 510 0	0.006 315 4
			B_{13}	0.256 972 0	0.017 841 9	C_{39}	0.123 333 0	0.002 200 5
						C_{40}	0.610 946 0	0.010 900 5
						C_{41}	0.265 721 0	0.004 741 0
			B_{14}	0.076 757 7	0.005 354 1	C_{42}	0.061 239 6	0.000 327 9
						C_{43}	0.212 533 0	0.001 137 9
						C_{44}	0.463 098 0	0.002 479 5
						C_{45}	0.263 130 0	0.001 408 8
			B_{15}	0.045 283 6	0.003 089 2	C_{46}	0.796 226 0	0.002 459 7
						C_{47}	0.203 77 40	0.000 629 5
A_5	0.040 177 5	0.040 177 5	B_{16}	0.497 405 0	0.019 386 9	C_{48}	0.232 735 0	0.004 512 0
						C_{49}	0.098 718 2	0.001 913 8
						C_{50}	0.668 547 0	0.012 961 0
			B_{17}	0.393 102 0	0.016 383 3	C_{51}	0.529 048 0	0.008 667 6
						C_{52}	0.289 984 0	0.004 750 9
						C_{53}	0.064 798 10	0.001 061 6
						C_{54}	0.116 170 0	0.001 903 3
			B_{18}	0.109 493 0	0.004 407 3	C_{55}	0.605 529 0	0.002 668 8
						C_{56}	0.283 329 0	0.001 248 7
						C_{57}	0.111 142 0	0.000 489 8

为提升社区体育资源自治型管理实施条件评价体系的可操作性，课题组对评价指标特征向量值（群决策数据）进行了保留4位小数的处理，最终得出社区体育资源自治型管理实施条件评价指标的权重系数，见表3-38。

表3-38 社区体育资源自治型管理实施条件评价指标的权重系数

目标层（权重系数）	评价要素层（权重系数）	评价方案层（权重系数）
A_1 社区体育财力资源（0.3193）	B_1 体育资金额度（0.1499）	C_1 原始体育财力值（0.1146）
		C_2 年均体育资金增长值（0.0303）
	B_2 体育资金支配（0.0345）	C_3 人力资源支出资金（0.0048）
		C_4 物力资源支出资金（0.0226）
		C_5 软件资源支出资金（0.0071）
	B_3 体育资金来源（0.1399）	C_6 政府出资（0.0106）
		C_7 市场出资（0.0358）
		C_8 社会出资（0.0150）
		C_9 多元主体共同出资（0.0785）
A_2 社区体育硬件资源（0.4092）	B_4 场地设施类型（0.0379）	C_{10} 室外场地设施（0.0045）
		C_{11} 室内场地设施（0.0249）
		C_{12} 风雨场地设施（0.0085）
	B_5 场地设施质量（0.1222）	C_{13} 体育场地面积标准（0.0529）
		C_{14} 体育场地界限划定标准（0.0186）
		C_{15} 场地设施布局标准（0.0056）
		C_{16} 场地设施高低标准（0.0043）
		C_{17} 场地设施安装标准（0.0087）
		C_{18} 场地设施材质标准（0.0320）
	B_6 场地设施规模（0.1841）	C_{19} 场地设施数量（0.0381）
		C_{20} 人均场地设施（面积和数量）（0.1460）
	B_7 场地设施层次（0.0500）	C_{21} 基础场地设施（0.0052）
		C_{22} 中档场地设施（0.0150）
		C_{23} 高档场地设施（0.0299）
	B_8 场地设施环境（0.0150）	C_{24} 服务环境情况（0.0035）
		C_{25} 卫生环境情况（0.0017）
		C_{26} 配套设施情况（0.0097）

目标层（权重系数）	评价要素层（权重系数）	评价方案层（权重系数）
A₃ 社区体育人力资源（0.1619）	B₉ 社会体育指导员（0.0364）	C₂₇ 社会体育指导员人数（0.0043）
		C₂₈ 社会体育指导员业务能力（0.0198）
		C₂₉ 社会体育指导员专职情况（0.0038）
		C₃₀ 社会体育指导员职责履行（0.0085）
	B₁₀ 体育管理人员（0.1255）	C₃₁ 管理者人数（0.0270）
		C₃₂ 管理者业务能力（0.0706）
		C₃₃ 管理者职责履行（0.0179）
		C₃₄ 管理者专职情况（0.0100）
A₄ 社区体育文化资源（0.0694）	B₁₁ 体育资源利用效率（0.0350）	C₃₅ 居民使用效率（0.0280）
		C₃₆ 产业经营效率（0.0070）
	B₁₂ 居民体育意识（0.0081）	C₃₇ 体育参与认知（0.0018）
		C₃₈ 体育知识认知（0.0063）
	B₁₃ 居民体育参与（0.0178）	C₃₉ 参与群体广度（0.0022）
		C₄₀ 体育人口规模（0.0109）
		C₄₁ 体育参与积极性（0.0047）
	B₁₄ 体育活动组织（0.0054）	C₄₂ 组织活动类别（0.0003）
		C₄₃ 组织活动次数（0.0011）
		C₄₄ 组织活动频次（0.0025）
		C₄₅ 影响群体范围（0.0014）
	B₁₅ 体育文化交流与宣传（0.0031）	C₄₆ 交流与宣传频次（0.0025）
		C₄₇ 交流与宣传方式（0.0006）
A₅ 社区体育软件信息资源（0.0402）	B₁₆ 社区体育组织（0.0194）	C₄₈ 协会组织数量（0.0045）
		C₄₉ 协会组织性质（0.0019）
		C₅₀ 协会组织功能（0.0130）
	B₁₇ 社区体育制度（0.0164）	C₅₁ 规划发展制度（0.0087）
		C₅₂ 管理监督制度（0.0048）
		C₅₃ 财政扶持制度（0.0011）
		C₅₄ 绩效评价制度（0.0019）
	B₁₈ 社区体育网络信息服务（0.0044）	C₅₅ 体育网络建设（0.0027）
		C₅₆ 体育信息共享（0.0012）
		C₅₇ 网络信息质量（0.0005）

二、社区体育资源自治型管理实施条件的评价标准

为了较为客观和直观地体现各社区体育资源自治型管理实施条件的情况，社区体育资源相应指标的评价标准至关重要，尤其是各指标的赋分标准和评价方案必须统一。需要特别注意的是，在实际运用过程中，社区体育资源各指标的表现情况是相对社区自身体育事业满足情况而言的，所以，考虑到社区体育发展各方面的差异表现，本研究的评价指标在操作过程中要统一与分异相结合。课题组既要考虑不同社区评价过程的标准统一，又要考虑指标相对社区自身体育发展需求的满足条件，从而进行评价赋分。此外，由于本研究制定的评价指标在实际操作中难以量化，所以在评价过程中课题组需要根据指标对社区体育发展要求的满足情况采用定性分析法与定量分析法相结合的研究方法给予赋分。

据上文所述，课题组依据表 3-38 中的社区体育资源自治型管理实施条件评价指标的权重分配，制定了社区体育资源自治型管理实施条件评价指标的评价准则和赋分标准。

步骤如下。

（1）假设社区体育资源自治型管理实施条件评价体系的各评价方案层的各指标的最高分为 100 分。

（2）根据各项指标在社区体育发展中的具体表现，将各项指标分为"差""较差""一般""较好""好"5 个层次，结合各层次评价结果分别在 $0 \sim 20$ 分、$21 \sim 40$ 分、$41 \sim 60$ 分、$61 \sim 80$ 分、$81 \sim 100$ 分 5 段分值区间适宜地给出指标得分（y_i）。

（3）通过计算各项指标的加权分值得出评价方案的总分（x），即

$$x = w_i y_i = w_1 y_1 + w_2 y_2 + w_3 y_3 + \cdots + w_n y_n \ (n = 1, \ 2, \ 3, \ \cdots, \ 57).$$

（4）根据各评价方案的总分进行等级划分。为直观地体现社区与社区体育资源发展水平的差异性，课题组还需对评价结果进行等级划分。本研究采用测量评价理论惯用的五等评价法，将社区体育资源自治型管理实施条件评价的总分分为"下等""中下等""中等""中上等""上等"5 个等级，即依等级从低到

高，总分所在区间分别为 20 分及以下、21 ～ 39 分、40 ～ 59 分、60 ～ 79 分、80 ～ 100 分，评价等级在中上等及以上的社区具备社区体育资源自治型管理实施条件。同时，为清晰体现社区体育资源自治型管理实施条件的具备情况，研究者也可用各单项指标的打分（不是加权分）评定上述 5 个等级，以便相关部门后期有针对性地制定治理之策。

社区体育资源自治型管理实施条件评分表（样表）见表 3-39。

表 3-39　社区体育资源自治型管理实施条件评分表（样表）

社区名称：
评价时间：
总分 / 等级层次：
评价结果：是 □ 否 □

序号	评价方案层	权重	单项			备注
			得分	等级	加权分	
1	原始体育财力值	0.1146				
2	年均体育资金增长值	0.0303				
3	人力资源支出资金	0.0048				
4	物力资源支出资金	0.0226				
5	软件资源支出资金	0.0071				
6	政府出资	0.0106				
7	市场出资	0.0358				
8	社会出资	0.0150				
9	多元主体共同出资	0.0785				
10	室外场地设施	0.0045				
11	室内场地设施	0.0249				
12	风雨场地设施	0.0085				
13	体育场地面积标准	0.0529				
14	体育场地界限划定标准	0.0186				
15	场地设施布局标准	0.0056				
16	场地设施高低标准	0.0043				
17	场地设施安装标准	0.0087				

续表

序号	评价方案层	权重	单项			备注
			得分	等级	加权分	
18	场地设施材质标准	0.0320				
19	场地设施数量	0.0381				
20	人均场地设施（面积和数量）	0.1460				
21	基础场地设施	0.0052				
22	中档场地设施	0.0150				
23	高档场地设施	0.0299				
24	服务环境情况	0.0035				
25	卫生环境情况	0.0017				
26	配套设施情况	0.0097				
27	社会体育指导员人数	0.0043				
28	社会体育指导员业务能力	0.0198				
29	社会体育指导员专职情况	0.0038				
30	社会体育指导员职责履行	0.0085				
31	管理者人数	0.0270				
32	管理者业务能力	0.0706				
33	管理者职责履行	0.0179				
34	管理者专职情况	0.0100				
35	居民使用效率	0.0280				
36	产业经营效率	0.0070				
37	体育参与认知	0.0018				
38	体育知识认知	0.0063				
39	参与群体广度	0.0022				
40	体育人口规模	0.0109				
41	体育参与积极性	0.0047				
42	组织活动类别	0.0003				
43	组织活动次数	0.0011				
44	组织活动频次	0.0025				

续表

序号	评价方案层	权重	单项			备注
			得分	等级	加权分	
45	影响群体范围	0.0014				
46	交流与宣传频次	0.0025				
47	交流与宣传方式	0.0006				
48	协会组织数量	0.0045				
49	协会组织性质	0.0019				
50	协会组织功能	0.0130				
51	规划发展制度	0.0087				
52	管理监督制度	0.0048				
53	财政扶持制度	0.0011				
54	绩效评价制度	0.0019				
55	体育网络建设	0.0027				
56	体育信息共享	0.0012				
57	网络信息质量	0.0005				

第四章 社区体育资源共生型管理实施条件评价

　　受经济基础、社会风俗、受教育程度等方面的影响，我国不同类别的社区在体育资源拥有方面存在很大的差异。虽然部分社区拥有一定的体育资源，但不足以满足所有居民的体育需求。仅依靠政府的援助和扶持，不能从根本上解决问题。因此，促进此类社区体育资源的发展，必须善于优化配置市场资源，激发市场活力，以实现社区与企事业单位之间资源的整合利用。社区体育资源共生型管理模式力求将社区与学校、政府、企业等部门的体育资源进行优化整合，以缓解社区体育资源不足与居民体育需求旺盛之间的矛盾。

　　课题组根据本书第二章所述的指导思想、构建原则和方法，运用生态学中的共生理论，将社区体育资源的共生能量、共生环境、共生基质、共生界面和共生单元 5 个维度调整为社区体育资源的共生环境、共生基质、共生界面和共生单元 4 个维度，制定了有效的社区体育资源共生型管理实施条件评价体系。该体系虽然适用于评价全国所有的社区，但是在实际运用过程中，研究者应紧密结合不同社区体育资源的实际情况，对相关指标做出适宜评价。

第一节　社区体育资源共生型管理实施条件评价指标的确立与释义

一、社区体育资源共生型管理实施条件评价指标的确立

（一）经验预选评价指标

为了科学、系统地认识和了解社区体育资源的分布状况，选出合适的社区实行体育资源共生型管理，课题组在遵循指标选取原则、筛选方法的基础上，通过查阅共生理论及社区体育资源的管理、发展及评价等方面的文献资料，初步确定了由总目标层（S）、一级指标层（A）、二级指标层（B）和三级指标层（C）构成的社区体育资源共生型管理实施条件评价体系。其中，一级指标层有 5 个指标，二级指标层有 25 个指标，三级指标层有 122 个指标。社区体育资源共生型管理实施条件评价指标预选结果见表 4-1。

表 4-1　社区体育资源共生型管理实施条件评价指标预选结果

总目标层（S）	一级指标层（A）	二级指标层（B）	三级指标层（C）
社区体育资源共生型管理实施条件评价体系	A_1 共生能量	B_1 界面特征值	C_1 界面多元化
			C_2 界面数量
			C_3 界面成熟度
			C_4 介质契合度
		B_2 共生度	C_5 信息共享性
			C_6 资源互补性
			C_7 共生便捷性
			C_8 文化相通性
		B_3 单元紧密度	C_9 共生平台建设
			C_{10} 共生机制构建
			C_{11} 共生交流频率
			C_{12} 居民往来情况

续表

总目标层（S）	一级指标层（A）	二级指标层（B）	三级指标层（C）
社区体育资源共生型管理实施条件评价体系	A_2 共生环境	B_4 交通环境	C_{13} 交通便捷度
			C_{14} 道路情况
			C_{15} 交通方式
			C_{16} 交通线路
		B_5 文化环境	C_{17} 共生对象共生理念
			C_{18} 社区体育共生理念
			C_{19} 共生对象接纳能力
			C_{20} 社区体育氛围
			C_{21} 共生对象体育氛围
			C_{22} 社区居民体育意识
			C_{23} 共生对象居民体育意识
			C_{24} 社区文化开放度
			C_{25} 共生对象文化开放度
		B_6 制度环境	C_{26} 体育管理制度
			C_{27} 法律法规制度
			C_{28} 财政监管制度
			C_{29} 服务制度
		B_7 政策环境	C_{30} 体育发展规划政策
			C_{31} 体育发展鼓励政策
			C_{32} 体育发展支持政策
			C_{33} 体育发展保障政策
		B_8 地理环境	C_{34} 间隔距离
			C_{35} 经济水平
			C_{36} 地理特征
	A_3 共生基质	B_9 体育人力资源	C_{37} 健身指导人员
			C_{38} 体育管理人员
			C_{39} 体育维护人员
			C_{40} 体育发展规划设计人员

总目标层（S）	一级指标层（A）	二级指标层（B）	三级指标层（C）
社区体育资源共生型管理实施条件评价体系	A_3 共生基质	B_{10} 体育文化资源	C_{41} 居民体育意识
			C_{42} 居民体育参与
			C_{43} 体育人口数量
			C_{44} 体育活动组织
			C_{45} 体育文化宣传
			C_{46} 体育文化交流
			C_{47} 科学健身方法
		B_{11} 体育组织资源	C_{48} 社区居委会
			C_{49} 体育俱乐部
			C_{50} 体育协会
			C_{51} 企事业体育组织机构
		B_{12} 体育管理服务资源	C_{52} 体育管理机构（部门）
			C_{53} 体育服务机构（部门）
			C_{54} 体育管理制度
			C_{55} 体育公共服务制度
		B_{13} 体育信息资源	C_{56} 体育书籍种类
			C_{57} 体育书籍数量
			C_{58} 信息数据库种类
			C_{59} 信息数据库层次
			C_{60} 体育信息平台建设
			C_{61} 体育信息发布及时性
		B_{14} 体育硬件资源	C_{62} 体育场地设施种类
			C_{63} 体育场地设施层次
			C_{64} 体育场地设施数量
			C_{65} 体育场地设施质量
			C_{66} 体育场地设施材质
			C_{67} 体育场地设施规模

总目标层（S）	一级指标层（A）	二级指标层（B）	三级指标层（C）
社区体育资源共生型管理实施条件评价体系	A₃ 共生基质	B₁₅ 体育财力资源	C₆₈ 体育融资方式
			C₆₉ 体育资金监管制度
			C₇₀ 体育资金配置办法
			C₇₁ 体育资金共享空间
	A₄ 共生界面	B₁₆ 中介机构类型	C₇₂ 体育组织中介
			C₇₃ 政府机构中介
			C₇₄ 俱乐部（协会）中介
			C₇₅ 文化传媒中介
			C₇₆ 企业中介
			C₇₇ 事业单位中介
		B₁₇ 政府主导中介	C₇₈ 政府中介数量
			C₇₉ 政府中介职能履行
			C₈₀ 政府中介类型
			C₈₁ 政府中介共生能力
		B₁₈ 企业主导中介	C₈₂ 企业中介业务能力
			C₈₃ 企业中介数量
			C₈₄ 企业中介层次
			C₈₅ 企业中介专业程度
		B₁₉ 俱乐部（协会）主导中介	C₈₆ 俱乐部中介数量
			C₈₇ 俱乐部中介积极性
			C₈₈ 俱乐部中介共生能力
			C₈₉ 俱乐部中介类型
		B₂₀ 事业单位主导中介	C₉₀ 事业单位中介数量
			C₉₁ 事业单位中介积极性
			C₉₂ 事业单位中介共生能力
	A₅ 共生单元	B₂₁ 社区单元	C₉₃ 社区体育人口
			C₉₄ 社区数量
			C₉₅ 社区层级档次
			C₉₆ 社区体育资源
			C₉₇ 社区体育实力
			C₉₈ 社区体育文化

总目标层（S）	一级指标层（A）	二级指标层（B）	三级指标层（C）
社区体育资源共生型管理实施条件评价体系	A₅ 共生单元	B₂₂ 学校单元	C₉₉ 学校类型
			C₁₀₀ 学校体育资源
			C₁₀₁ 学校师生数量
			C₁₀₂ 学校数量
			C₁₀₃ 学校体育实力
			C₁₀₄ 学校体育文化
		B₂₃ 企事业单位单元	C₁₀₅ 单位层级档次
			C₁₀₆ 单位体育文化
			C₁₀₇ 单位体育实力
			C₁₀₈ 单位经济效益
			C₁₀₉ 企事业单位数量
			C₁₁₀ 单位体育资源
		B₂₄ 政府单元	C₁₁₁ 政府层级档次
			C₁₁₂ 政府职能性质
			C₁₁₃ 政府机构数量
			C₁₁₄ 政府体育资源
			C₁₁₅ 政府体育文化
			C₁₁₆ 政府体育实力
		B₂₅ 体育组织（协会、俱乐部）单元	C₁₁₇ 体育组织层级档次
			C₁₁₈ 体育组织属性类别
			C₁₁₉ 体育组织数量
			C₁₂₀ 组织体育实力
			C₁₂₁ 组织体育文化
			C₁₂₂ 体育组织体育资源

（二）第一轮专家筛选

为了确保指标选择的科学性和全面性，本研究针对指标的遗漏、重叠、可行性及针对性等问题进行了第一轮专家问卷调查，16 名专家对指标的意见见表 4-2

至表4-4。从整体上看，专家认为虽然指标选取全面，能够突出社区体育资源共生管理实施条件评价的主题，但也存在指标重复、过细、操作难度较大等问题，因此建议对指标进行合并与调整，以达到提升评价指标简洁性和实操性的目的。

表4-2 社区体育资源共生型管理实施条件一级指标专家意见（第一轮）

序号	指标	认同率	问题	建议
A_1	共生能量	12.5%	内容所指与共生单元和共生界面重复	合并
A_2	共生环境	100%	通过	保留
A_3	共生基质	100%	通过	保留
A_4	共生界面	100%	通过	保留
A_5	共生单元	100%	通过	保留

表4-3 社区体育资源共生型管理实施条件二级指标专家意见（第一轮）

序号	指标	认同率	问题	建议
B_1	界面特征值	12.5%	与一级指标不符	调整至共生界面内
B_2	共生度	12.5%	与单元紧密度合并	调整至共生单元内
B_3	单元紧密度	87.5%	应属于共生单元评价内容	调整至共生单元内
B_4	交通环境	100%	通过	保留
B_5	文化环境	100%	通过	保留
B_6	制度环境	100%	通过	保留
B_7	政策环境	100%	通过	保留
B_8	地理环境	18.8%	与交通环境类似	合并至交通环境
B_9	体育人力资源	100%	通过	保留
B_{10}	体育文化资源	100%	通过	保留
B_{11}	体育组织资源	100%	通过	保留
B_{12}	体育管理服务资源	12.5%	分类不合理，应属软件资源	删除
B_{13}	体育信息资源	100%	通过	保留
B_{14}	体育硬件资源	100%	通过	保留
B_{15}	体育财力资源	100%	通过	保留
B_{16}	中介机构类型	56.3%	与评价目标联系不强	换成界面服务能力

续表

序号	指标	认同率	问题	建议
B_{17}	政府主导中介	25%	指标意义不大，与评价目标联系不强	换成界面特征值和界面服务能力
B_{18}	企业主导中介	25%		
B_{19}	俱乐部（协会）主导中介	25%		
B_{20}	事业单位主导中介	43.8%		
B_{21}	社区单元	43.8%	评价指标内容过细，不易操作	建议调整为单元组织结构、单元体育资源配置、单元体育资源共生的紧密度等方面的内容
B_{22}	学校单元	43.8%		
B_{23}	企事业单位单元	43.8%		
B_{24}	政府单元	43.8%		
B_{25}	体育组织（协会、俱乐部）单元	43.8%		

表 4-4　社区体育资源共生型管理实施条件三级指标专家意见（第一轮）

序号	指标	认同率	问题	建议
C_1	界面多元化	12.5%	内容与评价目标不符	随一、二级指标调整
C_2	界面数量	12.5%		
C_3	界面成熟度	12.5%		
C_4	介质契合度	12.5%		
C_5	信息共享性	12.5%	不属于一级指标的评价内容	随二级指标调整至单元紧密度指标内
C_6	资源互补性	12.5%		
C_7	共生便捷性	12.5%		
C_8	文化相通性	12.5%		
C_9	共生平台建设	56.3%	与共生环境中的制度环境指标重复	删除
C_{10}	共生机制构建	56.3%		
C_{11}	共生交流频率	56.3%	指标划分过细，且内容实质所指为共生环境的文化环境指标	删除与合并
C_{12}	居民往来情况	56.3%		
C_{13}	交通便捷度	100%	内容符合评价目标，但指标划分过细，意义不大	评价内容只需突出共生体之间绝对距离的便捷性和交流的便捷性
C_{14}	道路情况	75%		
C_{15}	交通方式	50%		
C_{16}	交通线路	37.5%		

续表

序号	指标	认同率	问题	建议
C_{17}	共生对象共生理念	56.3%	指标划分过细，无须将各共生对象分开评价。作为一个共生整体，文化方面只需体现外围文化和内在文化的包容性	调整为外部文化环境的开放性、体育文化的多元性和开放性
C_{18}	社区体育共生理念	56.3%		
C_{19}	共生对象接纳能力	56.3%		
C_{20}	社区体育氛围	68.8%		
C_{21}	共生对象体育氛围	56.3%		
C_{22}	社区居民体育意识	43.8%		
C_{23}	共生对象居民体育意识	56.3%		
C_{24}	社区文化开放度	81.3%		
C_{25}	共生对象文化开放度	81.3%		
C_{26}	体育管理制度	81.3%	指标划分过细，难以操作，目标突出不够	从社区外部制度的条件具备情况和体育制度的条件具备情况重点评价
C_{27}	法律法规制度	37.5%		
C_{28}	财政监管制度	37.5%		
C_{29}	服务制度	37.5%		
C_{30}	体育发展规划政策	81.3%	内容虽能够突出目标，但指标划分过细，难以操作	与制度环境的评价内容类似
C_{31}	体育发展鼓励政策	81.3%		
C_{32}	体育发展支持政策	81.3%		
C_{33}	体育发展保障政策	81.3%		
C_{34}	间隔距离	81.3%	内容与交通环境的内容重叠	合并
C_{35}	经济水平	12.5%		
C_{36}	地理特征	56.3%		
C_{37}	健身指导人员	100%	通过	保留
C_{38}	体育管理人员	100%		
C_{39}	体育维护人员	100%		
C_{40}	体育发展规划设计人员	100%		
C_{41}	居民体育意识	43.8%	多数指标并不属于体育文化资源，且实际操作难度大	从体育文化的宣传、体育文化的组织和体育健身参与人数等方面衡量社区体育文化的发展水平
C_{42}	居民体育参与	100%		
C_{43}	体育人口数量	100%		
C_{44}	体育活动组织	100%		
C_{45}	体育文化宣传	100%		
C_{46}	体育文化交流	43.8%		
C_{47}	科学健身方法	12.5%		

序号	指标	认同率	问题	建议
C_{48}	社区居委会	12.5%	指标划分过细，意义不大	统一从组织资源的功能、数量、质量等方面评价
C_{49}	体育俱乐部	43.8%		
C_{50}	体育协会	43.8%		
C_{51}	企事业体育组织机构	12.5%	内容指向性不强	删除
C_{52}	体育管理机构（部门）	12.5%		
C_{53}	体育服务机构（部门）	12.5%		
C_{54}	体育管理制度	12.5%		
C_{55}	体育公共服务制度	12.5%		
C_{56}	体育书籍种类	12.5%	指标过于超前，不符合实际情况	适当合并与删除
C_{57}	体育书籍数量	12.5%		
C_{58}	信息数据库种类	12.5%		
C_{59}	信息数据库层次	12.5%		
C_{60}	体育信息平台建设	12.5%		
C_{61}	体育信息发布及时性	12.5%		
C_{62}	体育场地设施种类	100%	内容均符合评价目标，但体育场地设施的数量和规模、材质和质量存在重复，细分意义不大	合并、精简
C_{63}	体育场地设施层次	100%		
C_{64}	体育场地设施数量	100%		
C_{65}	体育场地设施质量	100%		
C_{66}	体育场地设施材质	100%		
C_{67}	体育场地设施规模	100%		
C_{68}	体育融资方式	37.5%	共生目标体现不强，重点不突出	建议删除，着重评价社区体育资金方面的情况
C_{69}	体育资金监管制度	37.5%		
C_{70}	体育资金配置办法	37.5%		
C_{71}	体育资金共享空间	37.5%		
C_{72}	体育组织中介	37.5%	内容虽然符合主题，但指标划分过细，目标不突出，实际操作难度较大	随二级指标调整，重点突出共生界面对其共生模式实施的影响的指标
C_{73}	政府机构中介	37.5%		
C_{74}	俱乐部（协会）中介	37.5%		
C_{75}	文化传媒中介	37.5%		
C_{76}	企业中介	37.5%		
C_{77}	事业单位中介	37.5%		
C_{78}	政府中介数量	37.5%		

序号	指标	认同率	问题	建议
C_{79}	政府中介职能履行	37.5%	内容虽然符合主题，但指标划分过细，目标不突出，实际操作难度较大	随二级指标调整，重点突出共生界面对其共生模式实施的影响的指标
C_{80}	政府中介类型	37.5%		
C_{81}	政府中介共生能力	37.5%		
C_{82}	企业中介业务能力	37.5%		
C_{83}	企业中介数量	37.5%		
C_{84}	企业中介层次	37.5%		
C_{85}	企业中介专业程度	37.5%		
C_{86}	俱乐部中介数量	37.5%		
C_{87}	俱乐部中介积极性	37.5%		
C_{88}	俱乐部中介共生能力	37.5%		
C_{89}	俱乐部中介类型	37.5%		
C_{90}	事业单位中介数量	37.5%	内容虽然符合主题，但指标划分过细，目标不突出，实际操作难度较大	随二级指标调整，重新从单元性质、单元资源和单元紧密度等方面确定指标
C_{91}	事业单位中介积极性	37.5%		
C_{92}	事业单位中介共生能力	37.5%		
C_{93}	社区体育人口	37.5%		
C_{94}	社区数量	43.8%		
C_{95}	社区层级档次	43.8%		
C_{96}	社区体育资源	43.8%		
C_{97}	社区体育实力	43.8%		
C_{98}	社区体育文化	43.8%		
C_{99}	学校类型	43.8%		
C_{100}	学校体育资源	43.8%		
C_{101}	学校师生数量	43.8%		
C_{102}	学校数量	43.8%		
C_{103}	学校体育实力	43.8%		
C_{104}	学校体育文化	43.8%		
C_{105}	单位层级档次	43.8%		
C_{106}	单位体育文化	43.8%		
C_{107}	单位体育实力	43.8%		
C_{108}	单位经济效益	43.8%		
C_{109}	企事业单位数量	43.8%		

续表

序号	指标	认同率	问题	建议
C_{110}	单位体育资源	43.8%	内容虽然符合主题，但指标划分过细，目标不突出，且实际意义不强	随二级指标调整，重新从单元性质、单元资源和单元紧密度等方面确定指标
C_{111}	政府层级档次	43.8%		
C_{112}	政府职能性质	43.8%		
C_{113}	政府机构数量	43.8%		
C_{114}	政府体育资源	43.8%		
C_{115}	政府体育文化	43.8%		
C_{116}	政府体育实力	43.8%		
C_{117}	体育组织层级档次	43.8%		
C_{118}	体育组织属性类别	43.8%		
C_{119}	体育组织数量	43.8%		
C_{120}	组织体育实力	43.8%		
C_{121}	组织体育文化	43.8%		
C_{122}	体育组织体育资源	43.8%		

（三）第二轮专家筛选

通过指标的经验预选和对专家的第一轮问卷调查，课题组在综合专家意见的基础上对指标进行了相应的调整、完善和精简，最终确立了由 4 项一级指标、16 项二级指标和 44 项三级指标构成的社区体育资源共生型管理实施条件评价体系。同时，对新确定的评价指标展开第二轮专家问卷调查。调整后的社区体育资源共生型管理实施条件评价指标获得了专家的一致认可，第二轮专家意见见表 4-5 至表 4-7。

表 4-5　社区体育资源共生型管理实施条件一级评价指标专家意见（第二轮）

序号	指标	认同率
A_1	体育资源共生环境	100%
A_2	体育资源共生基质	100%
A_3	体育资源共生界面	100%
A_4	体育资源共生单元	100%

表 4-6 社区体育资源共生型管理实施条件二级评价指标专家意见（第二轮）

序号	指标	认同率
B_1	交通环境	100%
B_2	文化环境	100%
B_3	制度环境	100%
B_4	政策环境	100%
B_5	体育人力资源	100%
B_6	体育文化资源	100%
B_7	体育组织资源	100%
B_8	体育制度资源	100%
B_9	体育信息资源	100%
B_{10}	体育硬件资源	100%
B_{11}	体育财力资源	100%
B_{12}	界面特征值	100%
B_{13}	界面服务能力	100%
B_{14}	组织性质结构	100%
B_{15}	体育资源配置水平	100%
B_{16}	体育资源发展紧密度	100%

表 4-7 社区体育资源共生型管理实施条件三级评价指标专家意见（第二轮）

序号	指标	认同率
C_1	间隔距离的便捷性	100%
C_2	联系交流的便捷性	100%
C_3	外部文化环境的开放性	100%
C_4	体育文化内部的开放性	100%
C_5	体育文化共生的多元性	100%
C_6	外部制度环境的开放性	100%
C_7	体育制度的灵活性	100%
C_8	体育制度的接纳性	100%
C_9	外部政策环境的开放性	100%
C_{10}	体育政策的灵活性	100%
C_{11}	体育政策的接纳性	100%
C_{12}	社区体育指导人员人数	100%

续表

序号	指标	认同率
C_{13}	体育管理人员人数	100%
C_{14}	体育发展规划人员人数	100%
C_{15}	年均体育活动组织次数	100%
C_{16}	日均体育健身参与人数	100%
C_{17}	年均体育文化宣传次数	100%
C_{18}	体育协会组织数量	100%
C_{19}	体育协会组织发展质量	100%
C_{20}	体育协会组织功能体现	100%
C_{21}	体育制度的健全性	100%
C_{22}	体育制度的适宜性	100%
C_{23}	体育信息资源的多元性	100%
C_{24}	体育信息资源的惠民性	100%
C_{25}	体育场地设施种类	100%
C_{26}	体育场地设施质量	100%
C_{27}	体育场地设施规模	100%
C_{28}	年均体育事业预算资金	100%
C_{29}	年均体育事业支出资金	100%
C_{30}	界面多元性	100%
C_{31}	界面成熟度	100%
C_{32}	介质契合度	100%
C_{33}	界面专业性	100%
C_{34}	界面公信力	100%
C_{35}	公益性组织数量	100%
C_{36}	营利性组织数量	100%
C_{37}	行政性主体数量	100%
C_{38}	体育硬件资源配置水平	100%
C_{39}	体育文化资源发展水平	100%
C_{40}	体育财政实力水平	100%
C_{41}	体育人力资源配置水平	100%
C_{42}	体育资源的共享性	100%
C_{43}	体育资源的互补性	100%
C_{44}	体育资源的互用便捷性	100%

二、社区体育资源共生型管理实施条件评价指标的构成与释义

（一）社区体育资源共生型管理实施条件评价指标的构成

经过对社区体育资源共生型管理实施条件评价指标的经验预选，第二轮专家对指标的筛选和课题组的修正与完善，课题组确定了由 4 项一级指标、16 项二级指标和 44 项三级指标构成的社区体育资源共生型管理实施条件评价体系，该体系的构成要素见表 4-8。

（1）总目标层（S）。总目标层（S）体现社区体育资源共生型管理实施条件评价体系的总目标，即衡量社区体育资源的实际配置状况，把握和确定社区体育资源实施共生型管理的基本条件。

（2）一级指标层（A）。一级指标层（A）又称为"宏观评价层"，是社区体育资源共生型管理实施条件评价体系的第一层，从宏观的角度衡量社区体育资源的配置情况，反映社区体育资源的总体配置情况。一级指标层（A）主要由体育资源共生环境、体育资源共生基质、体育资源共生界面、体育资源共生单元 4 项指标构成。

表 4-8　社区体育资源共生型管理实施条件评价体系的构成要素

总目标层（S）	一级指标层（A）	二级指标层（B）	三级指标层（C）
社区体育资源共生型管理指标体系实施条件评价	A_1 体育资源共生环境	B_1 交通环境	C_1 间隔距离的便捷性
			C_2 联系交流的便捷性
		B_2 文化环境	C_3 外部文化环境的开放性
			C_4 体育文化内部的开放性
			C_5 体育文化共生的多元性
		B_3 制度环境	C_6 外部制度环境的开放性
			C_7 体育制度的灵活性
			C_8 体育制度的接纳性
		B_4 政策环境	C_9 外部政策环境的开放性
			C_{10} 体育政策的灵活性
			C_{11} 体育政策的接纳性

续表

总目标层（S）	一级指标层（A）	二级指标层（B）	三级指标层（C）
社区体育资源共生型管理模式模式实施条件评价	A_2 体育资源共生基质	B_5 体育人力资源	C_{12} 社区体育指导人员人数
			C_{13} 体育管理人员人数
			C_{14} 体育发展规划人员人数
		B_6 体育文化资源	C_{15} 年均体育活动组织次数
			C_{16} 日均体育健身参与人数
			C_{17} 年均体育文化宣传次数
		B_7 体育组织资源	C_{18} 体育协会组织数量
			C_{19} 体育协会组织发展质量
			C_{20} 体育协会组织功能体现
		B_8 体育制度资源	C_{21} 体育制度的健全性
			C_{22} 体育制度的适宜性
		B_9 体育信息资源	C_{23} 体育信息资源的多元性
			C_{24} 体育信息资源的惠民性
		B_{10} 体育硬件资源	C_{25} 体育场地设施种类
			C_{26} 体育场地设施质量
			C_{27} 体育场地设施规模
		B_{11} 体育财力资源	C_{28} 年均体育事业预算资金
			C_{29} 年均体育事业支出资金
	A_3 体育资源共生界面	B_{12} 界面特征值	C_{30} 界面多元性
			C_{31} 界面成熟度
			C_{32} 介质契合度
		B_{13} 界面服务能力	C_{33} 界面专业性
			C_{34} 界面公信力
	A_4 体育资源共生单元	B_{14} 组织性质结构	C_{35} 公益性组织数量
			C_{36} 营利性组织数量
			C_{37} 行政性主体数量

总目标层（S）	一级指标层（A）	二级指标层（B）	三级指标层（C）
社区体育资源共生型管理模式模式实施条件评价	A_4 体育资源共生单元	B_{15} 体育资源配置水平	C_{38} 体育硬件资源配置水平
			C_{39} 体育文化资源发展水平
			C_{40} 体育财政实力水平
			C_{41} 体育人力资源配置水平
		B_{16} 体育资源发展紧密度	C_{42} 体育资源的共享性
			C_{43} 体育资源的互补性
			C_{44} 体育资源的互用便捷性

（3）二级指标层（B）。二级指标层（B）又称为"中观评价层"，是社区体育资源共生型管理实施条件评价体系的中间层，是对一级指标的进一步深化，从中观的角度对社区体育资源的整体情况进行具体描述。二级指标层（B）主要由交通环境、文化环境、制度环境、政策环境、体育人力资源、体育文化资源、体育组织资源、体育制度资源、体育信息资源、体育硬件资源、体育财力资源、界面特征值、界面服务能力、组织性质结构、体育资源配置水平、体育资源发展紧密度共 16 项指标构成。

（4）三级指标层（C）。三级指标层（C）又称为"微观评价层"或"方案层"，是社区体育资源共生型管理实施条件评价体系的最底层，是整个评价体系中最深化细致的指标，从微观的角度对社区体育资源配置情况进行最终评价。三级指标层（C）主要由间隔距离的便捷性、联系交流的便捷性、外部文化环境的开放性、体育文化内部的开放性、体育文化共生的多元性、外部制度环境的开放性、体育制度的灵活性、体育制度的接纳性、外部政策环境的开放性、体育政策的灵活性、体育政策的接纳性、社区体育指导人员人数、体育管理人员人数、体育发展规划人员人数、年均体育活动组织次数、日均体育健身参与人数、年均体育文化宣传次数、体育协会组织数量、体育协会组织发展质量、体育协会组织功能体现、体育制度的健全性、体育制度的适宜性、体育信息资源的多元性、体育信息资源的惠民性、体育场地设施种类、体育场地设施质量、体育场地设施规模、年均体育事业预算资金、年均体育事业支出资金、界面多元性、界面成熟度、介质契合度、界面专业性、界面公信力、公益性组织数量、营利性组织数量、行政性主体数量、体育硬件资源配置水平、体育文化资源发展水平、体育财政实力水平、体育人力资源配置水平、体育资源的共享性、体育资源的互补性、体育资源的互用便捷性共44项指标构成。

（二）社区体育资源共生型管理实施条件评价指标的释义

1. 体育资源共生环境

共生环境指影响共生个体之间共生关系形成的所有因素的总和。社区具备的社会资源、所处的地理位置、经济基础、文化习俗、管理制度等，都是影响社区体育资源共生型管理模式形成的重要因素。共生关系的形成需要多种积极因素的推动。社区体育资源实施共生型管理模式同样需要各种积极因素汇合在一起，进而构建有利的共生环境。体育资源共生环境需要用交通环境、文化环境、制度环境、政策环境4项指标来衡量。

（1）交通环境。交通环境指作用于道路交通参与者的所有外界力量的总和，主要用来反映道路交通是否便利。共生主体之间进行交流与合作必须依托便捷的交通，因此社区体育资源共生型管理模式的实施必须对交通环境进行考量。在社区体育资源共生型管理实施条件评价体系中，交通环境主要用共生主体之间的间隔距离的便捷性和联系交流的便捷性2项指标来评价。

（2）文化环境。文化环境作为一种特殊的文化成分，对社区体育资源共生型管理模式的实施有着十分重要的影响。开放的、先进的文化环境是推动社区体育资源发展的重要因素，社区与各共生对象之间的开放的、先进的文化环境是影响其共生关系形成的重要因子。因此，社区应该营造开放的、先进的文化环境。在社区体育资源共生型管理实施条件评价体系中，文化环境主要用外部文化环境的开放性、体育文化内部的开放性、体育文化共生的多元性3项指标来评价。

（3）制度环境。完善的共生管理制度和相关的法律法规是实施社区体育资源共生型管理模式的重要保障，也是促进学校、企业与社区建立良好共生关系的重要基础。在社区体育资源共生型管理实施条件评价体系中，制度环境主要用外部制度环境的开放性、体育制度的灵活性、体育制度的接纳性3项指标来评价。

（4）政策环境。政策环境指社区体育在发展过程中，相关体育管理部门出台的一系列鼓励、支持和保障社区体育发展的政策规定。良好的政策环境是社区体育发展的基本保障和动力，也是实施社区体育资源共生型管理模式的政策优势所在。所以，在社区体育资源共生型管理实施条件评价体系中，政策环境应用外部政策环境的开放性、体育政策的灵活性和体育政策的接纳性3项指标来评价。

2. 体育资源共生基质

共生基质又称为"共生内容"，是各共生主体间相互影响、相互联系的基本因素，是共生关系形成的必要条件。例如，企业的共生基质包括市场、政策、人才、资金、管理经验等。实践证明，共生基质在共生系统中的不可替代性越强，其功能就越强大。体育资源共生基质主要指社区与各共生对象之间建立共生关系后，各种共生资源的总和。该指标主要用体育人力资源、体育文化资源、体育组织资源、体育制度资源、体育信息资源、体育硬件资源、体育财力资源7项指标来评价。

（1）体育人力资源。体育人力资源主要指在社区体育系统内具有管理能力、体育指导能力的社区体育服务人员以及能够促进社区体育发展的全部人员的总和。体育人力资源主要由社区体育指导人员、体育管理人员和体育发展规划人员三部分组成。体育人力资源在社区体育资源管理中具有重要作用，体育人力资源越丰富就越能促进社区体育发展。社区与各共生对象之间共生关系的构建离不开体育人力资源的推动。体育人力资源主要用社区体育指导人员人数、体育管理人员人数和体育发展规划人员人数3项指标来评价。

（2）体育文化资源。体育文化资源属于社区隐形资源的一种，虽不能从外表显性地看到，但它是影响社区体育发展的重要因素。通常来讲，烘托浓厚的体育文化氛围是发展地方体育事业的必经之路。只有社区体育文化发展起来了，才能形成长久而健康的社区体育发展基础。同样，体育文化资源属于社区体育资源共生型管理模式实施条件评价体系的一个重要方面，积极构建体育文化资源的共享体系是促进社区体育资源共生型管理模式不断深化和成熟的重要措施。体育文化资源主要用年均体育活动组织次数、日均体育健身参与人数和年均体育文化宣传次数3项指标来评价。

（3）体育组织资源。体育组织资源指在社区体育发展过程中起到管理、监督及组织作用的各种资源，属于社区体育资源的软环境。体育组织资源的发展对于社区体育的高效发展至关重要。只有拥有丰富的体育组织资源，社区的各种体育活动和体育文化才能有序地进行和发展。体育组织资源可用体育协会组织数量、体育协会组织发展质量和体育协会组织功能体现 3 项指标来评价。

（4）体育制度资源。体育制度资源是指由国家体育机构和社会体育组织制定并实施的关于群众体育、社区体育的各种规章、条例、制度和办法的总称，也是一个国家管理社区体育的各种制度的总称。体育制度资源主要用体育制度的健全性和体育制度的适宜性 2 项指标来评价。

（5）体育信息资源。体育信息资源指社区有关体育的各类信息的总称，是社区居民获得社区体育信息的重要渠道。当前，社区拥有的体育信息资源主要有体育书籍、各种体育网络数据库和专门的体育信息平台。体育信息资源对社区体育发展的影响不可忽视，尤其是要实施社区体育资源共生型管理模式的社区，体育信息资源的获得和相关体育信息的沟通至关重要。因此，体育信息资源主要用体育信息资源的多元性和体育信息资源的惠民性 2 项指标来评价。

（6）体育硬件资源。体育硬件资源指在社区中居民用来进行体育活动或体育锻炼的各种场地、器材等。它是实现社区体育的目的、任务的重要物质基础。社区的体育场地设施资源能够为居民提供进行体育活动的场地、器材，所以体育场地设施资源的种类、质量、数量都在不同程度上影响着居民的体育活动，同时作用于社区体育资源自身的开发与利用。体育硬件资源是社区与各共生对象之间构建共生关系的关键资源，主要用体育场地设施种类、体育场地设施质量和体育场地设施规模 3 项指标来评价。

（7）体育财力资源。体育财力资源即社区的体育资金，主要指在社区范围内开展一切与体育相关的活动所必需的经费，是政府、社会力量或社区自身为社区体育资源开发与管理所提供的必要经济基础。社区体育资金的拥有量直接影响着社区与其他共生对象之间共生关系的形成。体育财力资源主要用年均体育事业预算资金和年均体育事业支出资金 2 项指标来评价。

3. 体育资源共生界面

共生界面是共生单元之间进行物质、能量和信息传输的各种接触方式的总和，是共生关系形成和发展的重要基础，其主要职能包括资源配置、信息交流、事件公证、协议签订等。共生界面在社区与其他共生对象之间形成共生关系的过程中发挥桥梁的作用。因此，实施社区体育资源共生型管理必须具备良好的体育资源共生界面，以促进社区与学校、企业等共生对象之间的物质与信息交流。影响体育资源共生界面的主要因子有界面特征值和界面服务能力 2 项。

（1）界面特征值。界面特征值是衡量共生界面的交流阻力的重要参数。在社区体育资源共生型管理模式中，界面特征值应该重点衡量共生界面的具体情况。界面多元性、界面成熟度、介质契合度是评价界面特征值的重要指标。

（2）界面服务能力。在社区体育资源共生型管理模式的实施中，体育资源共生界面发挥着关键性的作用，主要体现在服务能力上。通常情况下，界面服务能力主要受到界面专业性和界面公信力的影响，所以这 2 项指标也应成为其评价的主要内容。

4. 体育资源共生单元

共生单元主要指构成共生体或者共生关系所需要的生产单位和基本能量，是形成共生的基本物质条件。在不同的共生体中，共生单元的性质和特征不同；在不同层次的共生系统中，共生单元的性质和特征也不同。在社区体育资源共生型管理模式中，体育资源共生单元指与社区建立共生关系的主体单元，如社区、学校、政府部门以及各类经营性单位，它们都是体育资源共生的重要对象。因此，体育资源共生单元的组织性质结构、体育资源配置水平、体育资源发展紧密度都会对社区体育资源共生型管理模式的实施产生重大影响。

（1）组织性质结构。组织性质结构主要指与社区体育资源共生的对象所表现出来的性质，它决定了社区体育资源共生成功的可靠性。目前，共生主体按性质可分为公益性组织、营利性组织和行政性主体 3 类。相应地，本研究有必要评价体育资源共生单元的组织性质，这主要用公益性组织数量、营利性组织数量和行政性主体数量 3 项指标来评价。

（2）体育资源配置水平。社区体育资源共生型管理模式实施的关键是通过体育资源共生单元实现体育资源的共生发展，从而弥补社区自身体育资源发展的短板。因此，体育资源配置水平自然成为评价体育资源共生单元的重点内容，可以用体育硬件资源配置水平、体育文化资源发展水平、体育财政实力水平和体育人力资源配置水平4项指标来评价。

（3）体育资源发展紧密度。体育资源的互补、互惠和互利是社区体育资源共生型管理模式实施的根本目的。因此，在对体育资源配置水平评价的基础上，本研究还需对体育资源发展紧密度进行评价。体育资源共生单元的体育资源发展紧密度应用体育资源的共享性、体育资源的互补性和体育资源的互用便捷性3项指标来评价。

第二节　社区体育资源共生型管理实施条件评价指标的权重系数与评价标准

一、社区体育资源共生型管理实施条件评价指标的权重系数

在社区体育资源共生型管理实施条件评价指标构建的过程中，课题组仍然坚持定性分析法与定量分析法相结合的原则，运用层次分析法和德尔菲法等研究方法对相关指标进行衡量，以期客观、科学地对社区体育资源共生型管理模式的实施条件进行衡量。

课题组运用层次分析法确定社区体育资源共生型管理实施条件评价体系中各项指标的权重。这主要分为以下4个步骤：①确定评价指标层次结构；②构建评价指标判断矩阵；③计算判断矩阵特征向量；④层次排序与一致性检验。

（一）确定评价指标层次结构

社区体育资源共生型管理模式的影响因子很多，课题组首先对各因子进行全面的调查与分析，明确主要影响因子和次要影响因子；然后按各因子的内在逻辑关系进行分组，将各评价指标划分为若干个层次；最后建立科学的层次结构评价模型。本研究通过逻辑分析建立的社区体育资源共生型管理实施条件评价的层次结构见图4-1。

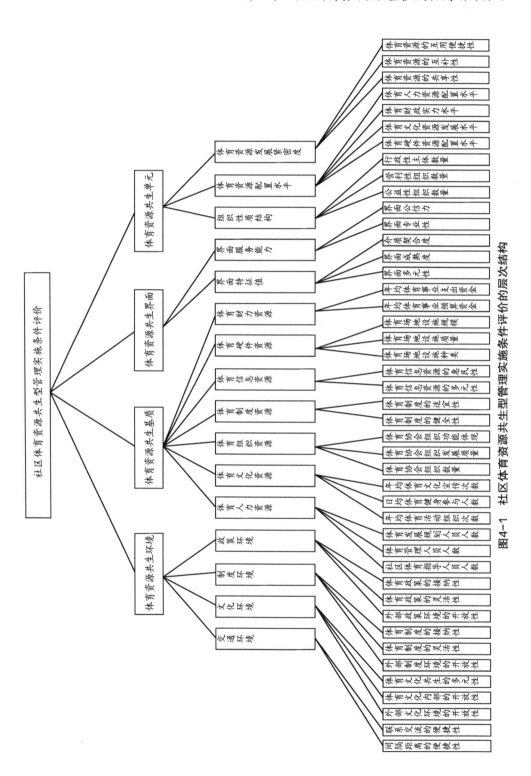

图4-1 社区体育资源共生型管理实施条件评价的层次结构

（二）构建评价指标判断矩阵

构建科学合理的判断矩阵是层次分析法非常重要的一个步骤。评价指标构建完成后，就确定了上下层次指标之间的隶属关系。假设以上一层次的指标 A 为准则，那么 A 就对下一层次的指标 a_1、$a_2 \cdots a_n$ 有支配关系。对于指标 A 来说，两个指标 a_i、a_j 相比较的重要性标度为 a_{ij}，a_{ij} 的取值及其含义见表4-9。对于 n 个指标来说，可以得到 n 个指标两两对比的判断矩阵 P。

以 A 表示目标，a_i、a_j（i，$j = 1$，2，$\cdots$，n）表示因素。a_{ij} 表示 a_i 对 a_j 的相对重要性标度，并由 a_{ij} 组成判断矩阵 P。

设 $P = (a_{ij})_{nn}$（i，$j=1$，2，$...$，n）

则 $P = \begin{bmatrix} a_{11} & \cdots & a_{1n} \\ \vdots & & \vdots \\ a_{n1} & \cdots & a_{nn} \end{bmatrix}$

判断矩阵 P 若具有如下特性：$a_{ii}=1$；$a_{ij}=1/a_{ji}$；$a_{ij}=a_{ik}/a_{jk}$

则称 P 为一致性矩阵。

表4-9 重要性标度的取值及其含义

重要性标度	定义描述
1	表示两个指标比较，一个指标与另一个同样重要
3	表示两个指标比较，一个指标相对另一个稍微重要
5	表示两个指标比较，一个指标相对另一个比较重要
7	表示两个指标比较，一个指标相对另一个非常重要
9	表示两个指标比较，一个指标相对另一个绝对重要
2，4，6，8	上述相邻判断的中值
倒数	a_{ij} 表示指标 a_i 与 a_j 比较的判断，则 a_j 与 a_i 比较的判断 $a_{ji}=1/a_{ij}$。

据此，课题组根据社区体育资源共生型管理实施条件评价的指标矩阵模型，结合专家给出的两两指标对比产生的重要性意见，建立相应的指标权属关系判断矩阵。在此以专家1的判断矩阵为例（表4-10至表4-30），进行其特征向量

计算。

表 4-10　A₁ ~ A₄ 权属关系判断矩阵

指标	A₁	A₂	A₃	A₄
A₁	1	1/3	3	1/5
A₂	3	1	5	1/3
A₃	1/3	1/5	1	1/7
A₄	5	3	7	1

表 4-11　B₁ ~ B₄ 权属关系判断矩阵

指标	B₁	B₂	B₃	B₄
B₁	1	3	5	7
B₂	1/3	1	3	5
B₃	1/5	1/3	1	3
B₄	1/7	1/5	1/3	1

表 4-12　B₅ ~ B₁₁ 权属关系判断矩阵

指标	B₅	B₆	B₇	B₈	B₉	B₁₀	B₁₁
B₅	1	3	5	7	9	1/5	1/3
B₆	1/3	1	3	5	7	9	1/9
B₇	1/5	1/3	1	3	5	1/9	1/7
B₈	1/7	1/5	1/3	1	3	1/3	1/3
B₉	1/9	1/7	1/5	1/3	1	1/5	1/9
B₁₀	5	1/9	9	3	5	1	3
B₁₁	3	9	7	3	9	1/3	1

表 4-13　B₁₂ ~ B₁₃ 权属关系判断矩阵

指标	B₁₂	B₁₃
B₁₂	1	1/3
B₁₃	3	1

表 4-14　B_{14} ~ B_{16} 权属关系判断矩阵

指标	B_{14}	B_{15}	B_{16}
B_{14}	1	5	3
B_{15}	1/5	1	1/3
B_{16}	1/3	3	1

表 4-15　C_1 ~ C_2 权属关系判断矩阵

指标	C_1	C_2
C_1	1	1/3
C_2	3	1

表 4-16　C_3 ~ C_5 权属关系判断矩阵

指标	C_3	C_4	C_5
C_3	1	3	5
C_4	1/3	1	3
C_5	1/5	1/3	1

表 4-17　C_6 ~ C_8 权属关系判断矩阵

指标	C_6	C_7	C_8
C_6	1	3	5
C_7	1/3	1	3
C_8	1/5	1/3	1

表 4-18　C_9 ~ C_{11} 权属关系判断矩阵

指标	C_9	C_{10}	C_{11}
C_9	1	5	3
C_{10}	1/5	1	1/3
C_{11}	1/3	3	1

表 4-19　C_{12} ~ C_{14} 权属关系判断矩阵

指标	C_{12}	C_{13}	C_{14}
C_{12}	1	3	5
C_{13}	1/3	1	3
C_{14}	1/5	1/3	1

表 4-20　C_{15} ~ C_{17} 权属关系判断矩阵

指标	C_{15}	C_{16}	C_{17}
C_{15}	1	1/3	3
C_{16}	3	1	5
C_{17}	1/3	1/5	1

表 4-21　C_{18} ~ C_{20} 权属关系判断矩阵

指标	C_{18}	C_{19}	C_{20}
C_{18}	1	1/5	1/3
C_{19}	5	1	3
C_{20}	3	1/3	1

表 4-22　C_{21} ~ C_{22} 权属关系判断矩阵

指标	C_{21}	C_{22}
C_{21}	1	3
C_{22}	1/3	1

表 4-23　C_{23} ~ C_{24} 权属关系判断矩阵

指标	C_{23}	C_{24}
C_{23}	1	1/3
C_{24}	3	1

表 4-24　C_{25} ~ C_{27} 权属关系判断矩阵

指标	C_{25}	C_{26}	C_{27}
C_{25}	1	3	1/3
C_{26}	1/3	1	1/5
C_{27}	3	5	1

表 4-25　C_{28} ~ C_{29} 权属关系判断矩阵

指标	C_{28}	C_{29}
C_{28}	1	1/3
C_{29}	3	1

表 4-26 C_{30} ～ C_{32} 权属关系判断矩阵

指标	C_{30}	C_{31}	C_{32}
C_{30}	1	3	1/3
C_{31}	1/3	1	1/5
C_{32}	3	5	1

表 4-27 C_{33} ～ C_{34} 权属关系判断矩阵

指标	C_{33}	C_{34}
C_{33}	1	1/3
C_{34}	3	1

表 4-28 C_{35} ～ C_{37} 权属关系判断矩阵

指标	C_{35}	C_{36}	C_{37}
C_{35}	1	3	1/3
C_{36}	1/3	1	1/5
C_{37}	3	5	1

表 4-29 C_{38} ～ C_{41} 权属关系判断矩阵

指标	C_{38}	C_{39}	C_{40}	C_{41}
C_{38}	1	7	3	5
C_{39}	1/7	1	1/5	1/3
C_{40}	1/3	5	1	3
C_{41}	1/5	3	1/3	1

表 4-30 C_{42} ～ C_{44} 权属关系判断矩阵

指标	C_{42}	C_{43}	C_{44}
C_{42}	1	3	1/3
C_{43}	1/3	1	1/5
C_{44}	3	5	1

（三）计算判断矩阵特征向量

判断矩阵特征向量的计算依据为专家 1 对指标的矩阵判断结果。方根或和积的方法能够计算判断矩阵 P 的最大特征根 $\lambda_{\max}$ 和所对应的特征向量，即可得出各评判指标的重要性排序，也就是各指标的权重系数。方根法可计算出它所对应的标准化特征向量，从而可以得到同一层次中各因素相对于上一层次中某因素的相对排序权重 W_i。其中，$\lambda_{\max}$ 采用方根法进行求解，具体步骤如下：

（1）计算判断矩阵每一行元素的乘积 M_i；

（2）将 M_i 开 n 次方根；

（3）对 $\overline{W}$ 进行归一化处理，得出 W_i；

（4）整理各项指标的权重。

根据上述原理，课题组通过迈实层次分析法软件计算出专家 1 关于社区体育资源共生型管理实施条件评价所有指标的特征向量，见表 4-31。

表 4-31　社区体育资源共生型管理实施条件评价指标特征向量（专家 1）

指标层（A）	同级（W_i）	全局（W_i）	指标层（B）	同级（W_i）	全局（W_i）	指标层（C）	同级（W_i）	全局（W_i）
A_1	0.121 873 0	0.121 873 0	B_1	0.557 892	0.067 991 8	C_1	0.750 000	0.050 993 9
						C_2	0.250 000	0.016 998 0
			B_2	0.263 345	0.032 094 6	C_3	0.633 346	0.020 327 0
						C_4	0.260 498	0.008 360 6
						C_5	0.106 156	0.003 407 0
			B_3	0.121 873	0.014 852 9	C_6	0.633 346	0.009 407 0
						C_7	0.260 498	0.003 869 2
						C_8	0.106 156	0.001 576 7
			B_4	0.056 890	0.006 933 3	C_9	0.633 346	0.004 391 2
						C_{10}	0.106 156	0.000 736 0
						C_{11}	0.260 498	0.001 806 1

指标层（A）	同级（W_i）	全局（W_i）	指标层（B）	同级（W_i）	全局（W_i）	指标层（C）	同级（W_i）	全局（W_i）
A₂	0.263 345 0	0.263 345 0	B₅	0.324 228	0.085 383 9	C₁₂	0.633 346	0.054 077 5
						C₁₃	0.260 498	0.022 242 3
						C₁₄	0.106 156	0.009 064 0
			B₆	0.269 659	0.071 013 3	C₁₅	0.260 498	0.018 498 8
						C₁₆	0.633 346	0.044 976 0
						C₁₇	0.106 156	0.007 538 5
			B₇	0.093 929 1	0.024 735 8	C₁₈	0.106 156	0.002 625 9
						C₁₉	0.633 346	0.015 666 3
						C₂₀	0.260 498	0.006 443 6
			B₈	0.055 302	0.014 563 5	C₂₁	0.750 000	0.010 922 6
						C₂₂	0.250 000	0.003 640 9
			B₉	0.029 468	0.007 760 3	C₂₃	0.250 000	0.001 940 1
						C₂₄	0.750 000	0.005 820 2
			B₁₀	0.109 460	0.028 825 7	C₂₅	0.260 498	0.007 509 0
						C₂₆	0.106 156	0.003 060 0
						C₂₇	0.633 346	0.018 256 6
			B₁₁	0.117 954	0.031 062 6	C₂₈	0.250 000	0.007 765 7
						C₂₉	0.750 000	0.023 296 9
A₃	0.056 889 8	0.056 889 8	B₁₂	0.250 000	0.014 222 5	C₃₀	0.260 498	0.003 704 9
						C₃₁	0.106 156	0.001 509 8
						C₃₂	0.633 346	0.009 007 7
			B₁₃	0.750 000	0.042 667 4	C₃₃	0.250 000	0.010 666 8
						C₃₄	0.750 000	0.032 000 5

指标层 （A）	同级 （W_i）	全局 （W_i）	指标层 （B）	同级 （W_i）	全局 （W_i）	指标层 （C）	同级 （W_i）	全局 （W_i）
						C_{35}	0.260 498	0.092 044 0
			B_{14}	0.633 346	0.353 339 0	C_{36}	0.106 156	0.037 509 1
						C_{37}	0.633 346	0.223 786 0
						C_{38}	0.557 892	0.033 040 5
A_4	0.557 892 0	0.557 892 0	B_{15}	0.106 156	0.059 223 8	C_{39}	0.056 890	0.003 369 2
						C_{40}	0.263 345	0.015 596 3
						C_{41}	0.121 873	0.007 217 8
						C_{42}	0.260 498	0.037 858 1
			B_{16}	0.260 498	0.145 330 0	C_{43}	0.106 156	0.015 427 7
						C_{44}	0.633 346	0.092 044 0

（四）层次排序与一致性检验

1. 层次单排序与一致性检验

社区体育资源共生型管理实施条件评价体系表现出一定的主观性和复杂性，这导致所得出的判断矩阵无法符合完全一致性，尤其是在指标复杂、规模庞大的情况下。因此，为了保证分析结果的合理性，课题组需要对构建的判断矩阵进行一致性检验，以避免偏差过大。在此，课题组采用随机一致性比率 CR 来衡量判断矩阵是否具有一致性。当随机一致性比率 $CR<0.10$ 时，判断矩阵具有令人满意的一致性；当 $CR>0.10$ 时，判断矩阵需要调整，直至结果令人满意为止。随机一致性比率 CR 可通过以下公式求得。

$$CR = \frac{CI}{RI}$$

$$CI = \frac{\lambda_{\max} - n}{n-1}$$

$$\lambda_{\max} = \sum_{i=1}^{n} \frac{(AW)_i}{nW_i}$$

$$CR = \frac{\lambda_{\max} - n}{RI \ (n-1)}$$

式中，λ_{max}为矩阵P的最大特征根；W_i为特征向量；RI为平均随机一致性指标，见表4-32。

表 4-32　判断矩阵平均随机一致性指标 RI 值 [1]

矩阵阶数	1	2	3	4	5	6	7	8	9
RI 值	0.00	0.00	0.52	0.89	1.12	1.26	1.36	1.41	1.45

据此，建立矩阵计算，得出 CR。

按照上述计算原理，专家 1 关于判断矩阵的单排序 λ_{max} 值和随机一致性比率 CR 值见表 4-33，其结果均通过前后一致性检验。

表 4-33　社区体育资源共生型管理实施条件评价指标
判断矩阵单排序 λ_{max} 值和随机一致性比率 CR 值（专家 1）

序号	指标矩阵	λ_{max} 值	CR 值	备注
1	$A_1 \sim A_4$	4.116 98	0.043 81<0.10	CR 值符合
2	$B_1 \sim B_4$	4.116 98	0.043 81<0.10	CR 值符合
3	$B_5 \sim B_{11}$	10.913 8, 7.812 08	0.499 64,0.099 52<0.10	修正后 CR 值符合
4	$B_{12} \sim B_{13}$	2	0<0.10	CR 值符合
5	$B_{14} \sim B_{16}$	3.038 51	0.037 03<0.10	CR 值符合
6	$C_1 \sim C_2$	2	0<0.10	CR 值符合
7	$C_3 \sim C_5$	3.038 51	0.037 03<0.10	CR 值符合
8	$C_6 \sim C_8$	3.038 51	0.037 03<0.10	CR 值符合
9	$C_9 \sim C_{11}$	3.038 51	0.037 03<0.10	CR 值符合
10	$C_{12} \sim C_{14}$	3.038 51	0.037 03<0.10	CR 值符合
11	$C_{15} \sim C_{17}$	3.038 51	0.037 03<0.10	CR 值符合
12	$C_{18} \sim C_{20}$	3.038 51	0.037 03<0.10	CR 值符合
13	$C_{21} \sim C_{22}$	2	0<0.10	CR 值符合
14	$C_{23} \sim C_{24}$	2	0<0.10	CR 值符合
15	$C_{25} \sim C_{27}$	3.038 51	0.037 03<0.10	CR 值符合
16	$C_{28} \sim C_{29}$	2	0<0.10	CR 值符合
17	$C_{30} \sim C_{32}$	3.038 51	0.037 03<0.10	CR 值符合

---

[1] 洪志国，李焱，范植华，等．层次分析法中高阶平均随机一致性指标（RI）的计算 [J].计算机工程与应用，2002(12)：45-47，150.

续表

序号	指标矩阵	$\lambda_{\max}$ 值	CR 值	备注
18	$C_{33} \sim C_{34}$	2	0<0.10	CR 值符合
19	$C_{35} \sim C_{37}$	3.038 51	0.037 03<0.10	CR 值符合
20	$C_{38} \sim C_{41}$	4.116 98	0.043 81<0.10	CR 值符合
21	$C_{42} \sim C_{44}$	3.038 51	0.037 03<0.10	CR 值符合

2. 层次总排序与一致性检验

层次总排序检验是对最高矩阵层级到最低矩阵层级的逐级检验，目的是检验各矩阵层级相对总层次矩阵是否符合一致性要求。其基本原理为，设 A 层级指标 A_1，A_2，…，A_n 相对上层社区体育资源共生型管理实施条件评价总目标层（S）的因素 S_j（$j = 1$，2，…，m）的层次单排序一致性指标为 CI_j，随机一致性指标为 RI，则层次总排序的一致性比率为 CR。

$$CR = \frac{S_1 CI_1 + S_2 CI_2 + \cdots + S_m CI_m}{S_1 RI_1 + S_2 RI_2 + \cdots + S_m RI_m}$$

当 $CR<0.10$ 时，层次总排序通过一致性检验，由此，可根据最底层的层次总排序确定评价方案决策。根据上述原理，课题组对社区体育资源共生型管理实施条件评价体系进行了层次总排序一致性检验。检验过程如下。

（1）B 级指标层相对 A 级指标层的一致性检验。

经过计算，B 级指标层相对 A 级指标层通过一致性检验。

（2）C 级指标层相对 B 级指标层的一致性检验。

综上所述，基于专家 1 关于社区体育资源共生型管理实施条件评价指标的特征向量计算原理，课题组将 16 名专家意见分别输入迈实层次分析法软件（6.0版），最终得出了本研究所需的群决策数据，见表 4-34。为提升社区体育资源共生型管理实施条件评价体系实际操作的便捷性，课题组对评价指标权重进行保留 4 位小数处理，处理后的评价指标权重系数见表 4-35。

表 4-34　社区体育资源共生型管理实施条件评价指标特征向量（群决策数据）

指标层 （A）	同级 （W_i）	全局 （W_i）	指标层 （B）	同级 （W_i）	全局 （W_i）	指标层 （C）	同级 （W_i）	全局 （W_i）
A_1	0.142 257	0.142 257	B_1	0.378 219	0.048 017 4	C_1	0.621 422	0.029 839 1
						C_2	0.378 578	0.018 178 3
			B_2	0.431 701	0.067 430 4	C_3	0.633 346	0.042 706 7
						C_4	0.257 778	0.017 382 1
						C_5	0.108 876	0.007 341 6
			B_3	0.121 494	0.018 051 2	C_6	0.564 828	0.010 195 8
						C_7	0.329 016	0.005 939 1
						C_8	0.106 156	0.001 916 3
			B_4	0.068 587	0.008 758 4	C_9	0.633 346	0.005 547 1
						C_{10}	0.127 335	0.001 115 3
						C_{11}	0.239 319	0.002 096 1
A_2	0.445 352	0.445 352	B_5	0.292 095	0.126 860 0	C_{12}	0.462 671	0.058 694 5
						C_{13}	0.431 173	0.054 698 8
						C_{14}	0.106 156	0.013 467 0
			B_6	0.204 088	0.086 961 7	C_{15}	0.294 813	0.025 637 4
						C_{16}	0.599 031	0.052 092 7
						C_{17}	0.106 156	0.009 231 5
			B_7	0.090 533	0.038 950 1	C_{18}	0.113 284	0.004 412 4
						C_{19}	0.633 346	0.024 668 9
						C_{20}	0.253 370	0.009 868 8
			B_8	0.062 345	0.027 695 3	C_{21}	0.719 995	0.019 940 5
						C_{22}	0.280 005	0.007 754 8

续表

指标层 （A）	同级 （W_i）	全局 （W_i）	指标层 （B）	同级 （W_i）	全局 （W_i）	指标层 （C）	同级 （W_i）	全局 （W_i）
A_2	0.445 352	0.445 352	B_9	0.033 071	0.014 570 8	C_{23}	0.530 480	0.007 729 5
						C_{24}	0.469 520	0.006 841 3
			B_{10}	0.156 607	0.078 181 3	C_{25}	0.138 199	0.010 804 5
						C_{26}	0.523 898	0.040 959 0
						C_{27}	0.337 903	0.026 417 7
			B_{11}	0.161 261	0.072 132 2	C_{28}	0.296 249	0.021 369 1
						C_{29}	0.703 751	0.050 763 1
A_3	0.114 741	0.114 741	B_{12}	0.557 500	0.069 599 2	C_{30}	0.212 941	0.014 820 5
						C_{31}	0.230 043	0.016 010 8
						C_{32}	0.557 017	0.038 767 9
			B_{13}	0.442 500	0.045 141 3	C_{33}	0.646 029	0.029 162 6
						C_{34}	0.353 971	0.015 978 7
A_4	0.297 650	0.297 650	B_{14}	0.633 346	0.188 516 0	C_{35}	0.234 781	0.044 259 9
						C_{36}	0.131 873	0.024 860 1
						C_{37}	0.633 346	0.119 396 0
			B_{15}	0.118 504	0.038 485 9	C_{38}	0.495 725	0.019 078 4
						C_{39}	0.171 314	0.006 593 2
						C_{40}	0.239 332	0.009 210 9
						C_{41}	0.093 630	0.003 603 4
			B_{16}	0.248 151	0.070 648 8	C_{42}	0.221 700	0.015 662 9
						C_{43}	0.144 954	0.010 240 8
						C_{44}	0.633 346	0.044 745 1

表 4-35　社区体育资源共生型管理实施条件评价指标权重系数

目标层（权重系数）	评价要素层（权重系数）	评价方案层（权重系数）
A₁ 体育资源共生环境（0.1423）	B₁ 交通环境（0.0480）	C₁ 间隔距离的便捷性（0.0298）
		C₂ 联系交流的便捷性（0.0182）
	B₂ 文化环境（0.0674）	C₃ 外部文化环境的开放性（0.0427）
		C₄ 体育文化内部的开放性（0.0174）
		C₅ 体育文化共生的多元性（0.0073）
	B₃ 制度环境（0.0181）	C₆ 外部制度环境的开放性（0.0102）
		C₇ 体育制度的灵活性（0.0059）
		C₈ 体育制度的接纳性（0.0019）
	B₄ 政策环境（0.0088）	C₉ 外部政策环境的开放性（0.0055）
		C₁₀ 体育政策的灵活性（0.0011）
		C₁₁ 体育政策的接纳性（0.0021）
A₂ 体育资源共生基质（0.4454）	B₅ 体育人力资源（0.1269）	C₁₂ 社区体育指导人员人数（0.0587）
		C₁₃ 体育管理人员人数（0.0547）
		C₁₄ 体育发展规划人员人数（0.0135）
	B₆ 体育文化资源（0.0870）	C₁₅ 年均体育活动组织次数（0.0256）
		C₁₆ 日均体育健身参与人数（0.0521）
		C₁₇ 年均体育文化宣传次数（0.0092）
	B₇ 体育组织资源（0.0390）	C₁₈ 体育协会组织数量（0.0044）
		C₁₉ 体育协会组织发展质量（0.0247）
		C₂₀ 体育协会组织功能体现（0.0099）
	B₈ 体育制度资源（0.0277）	C₂₁ 体育制度的健全性（0.0199）
		C₂₂ 体育制度的适宜性（0.0078）
	B₉ 体育信息资源（0.0146）	C₂₃ 体育信息资源的多元性（0.0077）
		C₂₄ 体育信息资源的惠民性（0.0068）
	B₁₀ 体育硬件资源（0.0782）	C₂₅ 体育场地设施种类（0.0108）
		C₂₆ 体育场地设施质量（0.0410）
		C₂₇ 体育场地设施规模（0.0264）
	B₁₁ 体育财力资源（0.0721）	C₂₈ 年均体育事业预算资金（0.0214）
		C₂₉ 年均体育事业支出资金（0.0508）

续表

目标层（权重系数）	评价要素层（权重系数）	评价方案层（权重系数）
A₃ 体育资源共生界面（0.1147）	B₁₂ 界面特征值（0.0696）	C₃₀ 界面多元性（0.0148）
		C₃₁ 界面成熟度（0.0160）
		C₃₂ 介质契合度（0.0388）
	B₁₃ 界面服务能力（0.0451）	C₃₃ 界面专业性（0.0292）
		C₃₄ 界面公信力（0.0160）
A₄ 体育资源共生单元（0.2977）	B₁₄ 组织性质结构（0.1885）	C₃₅ 公益性组织数量（0.0443）
		C₃₆ 营利性组织数量（0.0249）
		C₃₇ 行政性主体数量（0.1194）
	B₁₅ 体育资源配置水平（0.0385）	C₃₈ 体育硬件资源配置水平（0.0191）
		C₃₉ 体育文化资源发展水平（0.0066）
		C₄₀ 体育财政实力水平（0.0092）
		C₄₁ 体育人力资源配置水平（0.0036）
	B₁₆ 体育资源发展紧密度（0.0706）	C₄₂ 体育资源的共享性（0.0157）
		C₄₃ 体育资源的互补性（0.0102）
		C₄₄ 体育资源的互用便捷性（0.0447）

二、社区体育资源共生型管理实施条件的评价标准

为了较为客观和直观地体现出各社区体育资源共生型管理实施条件的具备情况，相应指标的评价标准至关重要，尤其是各指标的赋分标准和评价方案必须统一。但是，在实际运用的过程中，由于社区体育资源发展本身是针对其体育发展的满足程度而言的，所以需要考虑不同社区之间体育发展的差异表现，本研究所指的评价指标在操作过程中要将统一与分异相结合。也就是说，既要考虑不同社区在评价过程中标准统一，也要考虑指标相对社区自身体育发展需求的满足条件，从而进行评价赋分。此外，由于制定的部分评价指标在实际操作中难以量化，课题组在评价过程中还需要因指标对社区体育发展的满足情况而异，采用定性分析法与定量分析法相结合的研究方法给予赋分。

据上文所述，课题组依据表 4-35 中的社区体育资源共生型管理实施条件评

价指标权重系数，制定了社区体育资源共生型管理实施条件评价指标赋分标准和评价准则。

步骤如下。

（1）设社区体育资源共生型管理实施条件评价体系的各评价方案的层各指标的最高分为 100 分。

（2）根据各项指标在社区体育发展中的实际表现情况，将各项指标分为"差""较差""一般""较好""好"5 个层次，结合各层次评价结果分别在 0 ~ 20 分、21 ~ 40 分、41 ~ 60 分、61 ~ 80 分、81 ~ 100 分 5 段分值区间适宜地给出指标得分（y_i）。

（3）通过计算各项指标的加权分值得出评价方案的总分（x），即

$$x=w_i y_i=w_1 y_1+w_2 y_2+w_3 y_3+\cdots+ w_n y_n（n=1，2，3，\cdots，44）.$$

（4）根据各评价指标总分值进行等级划分。根据各社区各项评价指标加权总分，且为直观地体现出社区与社区体育资源发展水平的差异性，课题组还需对评价结果进行等级划分。本研究采用测量评价理论惯用的五等评价方法，将社区体育资源共生型管理实施条件评价的总分分为"下等""中下等""中等""中上等""上等"5 个等级，即依等级从低到高，总分所在区间分别为 20 分及以下、21 ~ 39 分、40 ~ 59 分、60 ~ 79 分、80 ~ 100 分，评价等级在中上等及以上的社区具备社区体育资源共生型管理实施条件。同时，为清晰体现社区体育资源共生型管理实施条件的具备情况，研究者也可以根据对各单项指标的打分（不是加权分）评定上述 5 个等级，以便相关部门后期有针对性地制定治理之策。

社区体育资源共生型管理实施条件评分表（样表）见表 4-36。

表 4-36 社区体育资源共生型管理实施条件评分表（样表）

社区名称：
评价时间：
总分 / 等级：
评价结果：是 □ 否 □

序号	评价方案层（C）	权重	单项			备注
			得分	等级	加权分	
1	间隔距离的便捷性	0.0298				
2	联系交流的便捷性	0.0182				
3	外部文化环境的开放性	0.0427				
4	体育文化内部的开放性	0.0174				
5	体育文化共生的多元性	0.0073				
6	外部制度环境的开放性	0.0102				
7	体育制度的灵活性	0.0059				
8	体育制度的接纳性	0.0019				
9	外部政策环境的开放性	0.0055				
10	体育政策的灵活性	0.0011				
11	体育政策的接纳性	0.0021				
12	社区体育指导人员人数	0.0587				
13	体育管理人员人数	0.0547				
14	体育发展规划人员人数	0.0135				
15	年均体育活动组织次数	0.0256				
16	日均体育健身参与人数	0.0521				
17	年均体育文化宣传次数	0.0092				
18	体育协会组织数量	0.0044				
19	体育协会组织发展质量	0.0247				
20	体育协会组织功能体现	0.0099				
21	体育制度的健全性	0.0199				
22	体育制度的适宜性	0.0078				
23	体育信息资源的多元性	0.0077				
24	体育信息资源的惠民性	0.0068				
25	体育场地设施种类	0.0108				

续表

序号	评价方案层（C）	权重	单项			备注
			得分	等级	加权分	
26	体育场地设施质量	0.0410				
27	体育场地设施规模	0.0264				
28	年均体育事业预算资金	0.0214				
29	年均体育事业支出资金	0.0508				
30	界面多元性	0.0148				
31	界面成熟度	0.0160				
32	介质契合度	0.0388				
33	界面专业性	0.0292				
34	界面公信力	0.0160				
35	公益性组织数量	0.0443				
36	营利性组织数量	0.0249				
37	行政性主体数量	0.1194				
38	体育硬件资源配置水平	0.0191				
39	体育文化资源发展水平	0.0066				
40	体育财政实力水平	0.0092				
41	体育人力资源配置水平	0.0036				
42	体育资源的共享性	0.0157				
43	体育资源的互补性	0.0102				
44	体育资源的互用便捷性	0.0447				

第五章　研究结论

一、城市社区体育资源的内涵、特征和来源方面

我国城市社区体育资源的内涵具有广义和狭义之分。广义的城市社区体育资源指在城镇空间内具有促进社区体育发展功能或性质的各类资源要素的总称，包括各类企事业单位、行政机构及社会组织所拥有的各类体育资源要素；狭义的城市社区体育资源仅指直接促进城市社区公共体育事业发展的各类体育场地、设施、人力、经费等资源要素的总和。本课题的城市社区体育资源指狭义范畴的内容，其构成包括社区体育财力资源、社区体育硬件资源、社区体育人力资源、社区体育文化资源及社区体育软件信息资源 5 大基本要素。

城市社区体育资源作为促进社区体育发展的资源要素，其具有特殊性与一般性相统一的特征。总体来看，城市社区体育资源呈现以下特征。①有限性。社区体育资源的发展受政治、经济、文化、社会等诸多因素的限制，所以其资源的生产和供给呈现出有限性的特征，这种特征体现于实际社区居民多元体育文化需求满足的限制方面。②共享性。现阶段，城市社区体育资源作为一种以无偿供给、政府供给为主的资源要素，具有明显的满足社区居民公共体育文化需求的共享性特征。③多用性。社区体育资源作为满足居民体育健身需求的资源类型，在城市社区空间内具有创造收益、服务居民、美化社区及促进社区对外合作与交流等诸

多价值功能。④地域性。基于各区域之间自然和人文环境因素的差异，社区体育资源因其体育文化的地域性在我国不同地域城市和城市内不同区域表现出一定的地域性特征。

现阶段，我国城市的社区体育财力资源、社区体育硬件资源、社区体育人力资源、社区体育文化资源及社区体育软件信息资源等资源要素，总体在其供给主体或方式上呈现出社区自筹、政府行政性扶持、社会主体赞助、市场主体参与4种类型。在现实中，社区体育资源的来源凸显多元与单一共存的特点。在各类供给主体或方式中，政府行政性扶持是目前社区体育资源配置的主要形式，社区、社会和市场的参与供给正处于快速发展的阶段。

二、社区体育资源自治型管理实施条件评价体系方面

本研究遵循科学发展观的指导思想，以可持续发展理论、非均衡发展理论、社会分层理论、系统理论及共生理论等为理论基础，坚持理论性、科学性、全面性、独特性、动态性及可操作性的指标选取原则，科学地利用专家访谈法和层次分析法等研究方法构建了社区体育资源自治型管理实施条件评价体系和社区体育资源共生型管理实施条件评价体系。

社区体育资源自治型管理实施条件评价体系主要包括社区体育财力资源、社区体育硬件资源、社区体育人力资源、社区体育文化资源、社区体育软件信息资源5项一级指标，体育资金额度、体育资金支配、体育资金来源、场地设施类型、场地设施质量、场地设施规模、场地设施层次、场地设施环境、社会体育指导员、体育管理人员、体育资源利用效率、居民体育意识、居民体育参与、体育活动组织、体育文化交流与宣传、社区体育组织、社区体育制度、社区体育网络信息服务18项二级指标，原始体育财力值、年均体育资金增长值、人力资源支出资金、物力资源支出资金、软件资源支出资金、政府出资、市场出资、社会出资、多元主体共同出资、室外场地设施、室内场地设施、风雨场地设施、体育场地面积标准、体育场地界限划定标准、场地设施布局标准、场地设施高低标准、场地设施安装标准、场地设施材质标准、场地设施数量等57项三级指标。

三、社区体育资源共生型管理实施条件评价体系方面

社区体育资源共生型管理实施条件评价体系主要包括体育资源共生环境、体育资源共生基质、体育资源共生界面、体育资源共生单元 4 项一级指标，交通环境、文化环境、制度环境、政策环境、体育人力资源、体育文化资源、体育组织资源、体育制度资源、体育信息资源、体育硬件资源、体育财力资源、界面特征值、界面服务能力、组织性质结构、体育资源配置水平、体育资源发展紧密度 16 项二级指标，间隔距离的便捷性、联系交流的便捷性、外部文化环境的开放性、体育文化内部的开放性、体育文化共生的多元性、外部制度环境的开放性、体育制度的灵活性、体育制度的接纳性、外部政策环境的开放性、体育政策的灵活性、体育政策的接纳性、社区体育指导人员人数、体育管理人员人数、体育发展规划人员人数等 44 项三级指标。

四、城市社区体育资源实施条件评价方面

依据本研究制定的社区体育资源自治型管理实施条件评价的标准和方法，评价总分达到中上等及以上水平的社区基本具备了实施社区体育资源自治型管理模式的条件，不符合社区体育资源自治型管理实施条件的社区，若在社区体育资源共生型管理实施条件评价中达到中上等及以上水平，则可实施社区体育资源共生型管理模式。若两种管理模式的实施条件都不具备，该社区可实施政府扶持型管理模式。社区体育资源非均衡管理实施条件评价体系具有重要作用：第一，能够为社区体育资源管理模式的选择提供科学依据；第二，在评价过程中能根据指标权重和具体得分发现和有针对性地解决社区体育资源发展存在的各类问题；第三，能为社区体育资源相应管理模式实施路径的制定提供科学依据。